海峡都市・下関市の生活世界

交流・連携，在日コリアン，まちづくり

和田　清美
魯　ゼウォン

学文社

はしがき

　本書は，本州の最西端に位置し，南の関門海峡を挟んで九州と相対し，西には周防灘（瀬戸内海），東には響灘（日本海）の三方を海に囲まれ，朝鮮半島・中国大陸に近い「下関市」を研究対象に，この地理的特性ゆえに形成されてきた固有の都市的世界—その生活世界—に着目し，「交流・連携」「在日コリアン」「まちづくり」の３つの分析視点から社会学的実証研究を試み，これをとおして下関市が将来にわたって「持続可能な都市」となるための方途・活路を解明しようとしたものである。

　研究対象である「下関市」は，2005年２月13日には旧下関市と旧豊浦郡４町（菊川町，豊田町，豊浦町，豊北町）と合併し，同年10月には山口県下で唯一の中核市に指定された。山口県内の自治体の中で，下関市は人口，総生産額ともに１位にあるものの，人口は1980年の32万5,478人をピークに減少の一途をたどっており，高齢化の進展も著しい。それゆえ，下関市においては，国の進める地方創生が喫緊の課題となっている。下関市が将来にわたって「持続可能な都市」として存立するための方途・活路はいかなるものが考えられるのか，これが本研究の出発点であった。

　さて，研究を進めていくと，下関市がこの地理的特性ゆえに形成してきた固有の都市的世界—その生活世界—が存在することが明らかになり，この解明を前述の３つの分析視点からアプローチすることとし，研究課題を以下のように設定した。

　第１の「交流・連携」の視点は，下関市の歴史をたどると，下関は，原始・古代の時代から九州や中国大陸・朝鮮半島へとわたる交通の要衝地であったこと，その結果，ヒト・モノ・文化が交流する拠点，結節点としての役割を担ってきたことによっている。高速鉄道や高速道路，航空網の整備によって，交通の要衝地としての優位性は低下しているものの，21世紀に入り急速に進展するグローバリゼーションの下，改めて下関市の地理的特性に基づく「交流・連

携」拠点としての役割が浮上してきている。それは，国際ターミナルの整備や韓国釜山を始めとした姉妹都市締結，あるいは北九州市との関門連携事業，朝鮮通信使事業などの取り組みに見ることができ，その中心に関門海峡—なかんずく下関港がある。下関市は従来の都市分類でいえば「港湾都市」として位置づけられるが，本研究では地理的特性に着目して「海峡都市」として「下関」を捉え，改めてヒト・モノ・文化の交流・連携の拠点，結節点としての役割こそ，下関の持続的発展の可能性があることを，本書では明らかにしている。

　第2の「在日コリアン」の視点は，1905年の関釜連絡船の就航および韓国併合以降，下関における在留朝鮮人の数は増加し，大正期には在留朝鮮人のための収容施設である「昭和館」が建設されている。終戦後帰国できなかった人々が山陽本線の軌道に沿って朝鮮人集住地（トンネ）を形成したが，登録人口数は年々減少してきている。しかし，下関市における「在日コリアン」の集住の歴史と文化は，2000年代に入って開催されるようになった下関駅前のグリーンモール商店街の「リトル釜山フェスタ」や「馬関まつり」における「朝鮮通信使再現行列」に表出されている。「在日コリアン」の文化と韓国との交流ネットワークは，下関の持続的発展に果たす可能性があることも，本書では明らかにしている。

　第3の「まちづくり」の視点は，2005年の1市4町の合併により新たに誕生した下関市が，2015年以降新たな住民自治の仕組みとして推進している「まちづくり協議会」政策を指す。2016年度内には17地区に「まちづくり協議会」が設置され，以降本格的に「地区まちづくり協議会活動」が始まった。まちづくりの担い手は住民であることは言うまでもなく，地域固有の歴史，風土，産業，文化に根差した住民主体のまちづくりが，下関の持続的発展に果たす役割は大きい。その現状と課題を，3つの地区まちづくり協議会（旧下関市内からは西部地区，旧4町からは豊田地区と豊浦地区）の事例研究をとおして明らかにしている。

　本書は，都市社会学およびコミュニティ・まちづくり研究を専門とする和田と，韓国社会学および地域社会学を専門とする魯の2人が，2016年3月に初

めて下関市を訪れて以降，2019年3月までの3カ年にわたって共同で進めてきた現地調査の成果に基づいている。3年間の現地調査は2人が共同で企画・実施した。本書の刊行に際して執筆担当章の補充調査を本年4月以降各自が行い，その成果も盛り込まれている。これを含めると，この間4年の歳月が過ぎた。本書は，我々の調査にご協力いただいた関係各位の厚意によって刊行に至っている。訪問調査を初めとして資料提供ならびに写真掲載の許諾をいただくなど，ここに記してお礼を申し述べる。

　最後に，本書の刊行を予定していたハーベスト社社長・小林達也氏の急逝により刊行が頓挫しかけたが，こうして本書を刊行できたことを心から喜んでいる。

　なお，本書は，2019年度天理大学学術図書出版助成費の交付を受けて刊行するものである。

2019年12月21日

和　田　清　美
魯　　ゼウォン

目　次

序 章
研究対象としての「海峡都市・下関」
―現況と研究課題―

1 「海峡都市・下関」の現況

　2008年に人口減少社会に突入した日本は，2050年には人口が1億人を割ると推計され，人口減少への対応が喫緊の社会的課題になっている。こうした事態に対応すべく，国は，「まち・ひと・しごと創生法」（2014年11月28日施行・公布）を制定し，同上第8条に基づき策定された『まち・ひと・しごと創生長期ビジョン』（以下，「長期ビジョン」）及び『まち・ひと・しごと創生総合戦略』（以下，「総合戦略」）が，2015年12月24日には閣議決定された。一方，同法第9条及び第10条において示された「都道府県まち・ひと・しごと創生総合戦略」及び「市町村まち・ひと・しごと創生総合戦略」に基づき一斉に策定作業に入り，国の長期ビジョンに対応した「人口ビジョン」と地方版の「総合戦略」が，全国の地方公共団体において2015年度内に策定されている[1]。

　本書の研究対象とする「下関市」は，本州の最西端，山口県の西部に位置し，関門海峡，周防灘（瀬戸内海），響灘（日本海）の三方を海に囲まれた都市である。2005年2月13日には旧下関市と旧豊浦郡4町（菊川町，豊田町，豊浦町，豊北町）と合併し，同年10月には山口県下で唯一の中核市に指定された。山口県内の自治体の中では，下関市は人口，総生産額ともに1位にあるが，人口は1980年の32万5,478人をピークに減少が進み，高齢化の進展も著しく，中核市の中でも高い水準にある。それゆえ，下関市においては地方創生が喫緊の課題であり，2015年10月には『下関市人口ビジョン』および『下関市まち・ひと・しごと地域総合戦略』を完成させ，地方創生事業に取り組んでいる。

　そこで，本章では，まず下関市の現況―⑴地理的位置，⑵人口と産業・経済の動向，⑶地方創生事業の進捗状況―を把握する。その上で，本書の研究課題を提起する。

⑴　地理的位置からみた「下関市」

　下関市は，本州の最西端，山口県の西部に位置し，関門海峡を挟んで狭いところでは約700mという近さで福岡県北九州市と隣接し，JR，関門自動車道（関門橋），関門国道トンネルなどの広域交通網でも連絡している。

　南の関門海峡を挟んで，西に日本海（響灘），東に瀬戸内海（周防灘）と三方を海に開かれた海上交通の要衝地となっている。また，対馬海峡を挟んで韓国・釜山までは250km，中国上海までは900kmと非常に近い。下関港は戦前，朝鮮半島や中国大陸へ渡る関釜連絡船の発着港としての役割を担った。第二次世界大戦後，下関港は特定重要港湾（国際重要港湾）に指定される。1988年に国際ターミナルが完成すると，釜山，青島，上海との定期フェリーが就航し，3航路週11便という日本最大の国際フェリー基地になっている。近年は国際コンテナ航路も整備されてきている。

　2005年2月13日の旧下関市と旧豊浦郡4町（菊川町，豊田町，豊浦町，豊北町）との合併に伴い，市域は東西約35km，南北約50km，面積は715.93km²と東京23区の1.2倍に相当するまでに拡がった。中国山地の西端に位置することから市の北部や中央部は山間地であるが山間に広がる盆地には肥沃な耕地が広がり，海岸線沿いと日本海側に注ぐ粟野川，瀬戸内海に注ぐ木屋川などの河川地域に平地がみられる。このため南部に市街地が集中し，山間地の北部や中央部で過疎化が進んでいる。

⑵　人口と産業・経済からみた「下関市」
①　人口と世帯の動向

　表序-1のとおり，第二次世界大戦後の下関市の人口は，1950年の28万949人以降年々増加し，1965年には31万7,146人，1980年は32万5,478人と，

表序－1　人口・世帯数の推移

年次	世帯数	人口（人）						対前回増減率（％）		年齢区分割合（％）		
		総数	男	女	0～14歳	15～64歳	65歳～	世帯数	人口	0～14歳	15～64歳	65歳～
1950年	60,939	280,949	137,794	143,155	97,991	169,438	13,517	注(1)　—	7.2	34.9	60.3	4.8
1955年	66,061	308,799	151,441	157,358	105,067	187,753	15,978	8.4	9.9	34.0	60.8	5.2
1960年	73,299	317,029	153,794	163,235	98,608	200,206	18,215	11.0	2.7	31.1	63.2	5.7
1965年	79,847	317,146	151,400	165,746	83,062	212,882	21,202	8.9	0.0	26.2	67.1	6.7
1970年	87,697	315,603	148,940	166,663	75,146	215,416	25,041	9.8	△0.5	23.8	68.3	7.9
1975年	95,496	322,300	152,837	169,463	75,667	217,310	29,285	8.9	2.1	23.5	67.4	9.1
1980年	102,566	325,478	154,046	171,432	73,396	217,572	34,398	7.4	1.0	22.6	66.8	10.6
1985年	105,886	324,585	152,908	171,677	67,742	216,987	39,856	3.2	△0.3	20.9	66.9	12.3
1990年	109,846	315,643	147,542	168,101	55,433	212,066	47,577	3.7	△2.8	17.6	67.2	15.1
1995年	115,193	310,717	145,503	165,214	46,960	206,099	57,389	4.9	△1.6	15.1	66.3	18.5
2000年	117,744	301,097	140,890	160,207	40,440	193,482	67,137	2.2	△3.1	13.4	64.3	22.3
2005年	117,436	290,693	134,741	155,952	36,583	178,637	73,990	△0.3	△3.5	12.6	61.5	25.5
2010年	118,178	280,947	130,105	150,842	33,744	165,406	80,199	0.6	△3.4	12.0	58.9	28.5
2015年	116,298	268,517	124,722	143,795	31,116	147,954	88,073	△1.6	△4.4	11.6	55.1	32.8

注(1)　1947年実施の臨時国勢調査のデータは、人口のみが公表され、世帯数は公表されていない。
出典：『統計しものせき』（人口、世帯、年齢3区分）より作成

30年間で約４万4,000人増加した。しかし，1980年をピークとして以降減少に転じ，2010年には28万947人となり，1950年の水準まで落ち込んだ。その後も人口減少の傾向は止まらず，2015年現在26万8,517人となり，５年間で12,430人減っているのである。世帯数は，1955年の６万6,061世帯以降は増加傾向にあり，1980年に10万世帯を超え，2010年には11万8,178世帯を数えた。しかし，2015年10月１日の世帯数は，11万6,298世帯となり，５年間で1,880世帯減少している。

　なお，2019年１月１日現在の住民基本台帳に基づく下関市の人口は，26万3,324人（男性12万2,649人，女性14万675人），世帯数は，13万219世帯となっている。

　年齢３区分別をみると，2015年現在，年少人口（０～14歳）は11.6％。生産年齢人口（15歳～64歳）は55.1％，高齢者人口（65歳～）は32.8％となっている。年少人口は1950年の34.9％をピークに減少し続け，生産年齢人口は1970年の68.3％をピークに減少傾向に入り，高齢者人口は1950年の段階で4.8％であり，1980年に10％を超え，2000年に20％を超えて以降，2005年に25.5％，2010年28.5％というように急速に進み，遂に2015年に前掲のとおり30％を超えたのである。

　以上のように，下関市は，1980年以降人口減少が進むと同時に，少子高齢化とりわけ高齢化は2000年以降急速に進展したことがわかる。

②　外国人人口の動向

　下関市は，外国人とりわけ韓国・朝鮮人の集住地域を擁しているところに特徴がある。その背景には，①下関港が戦前関釜連絡船の就航地として多くの朝鮮人の上陸地であり，1918年から1931年までの14年間の渡来者は122万人，帰国者は95万人，国内残留者29万人と記録されており，朝鮮人の収容施設として「昭和館」が建設されていた（下関市市史編修委員会編　1983）。②終戦時に仙崎港が国内残留者送還の出発港のひとつであったことから帰国できなかった人々が下関に定着し，本庁地区とくに西部地区内にいくつかの朝鮮人集住地（トンネ）が形成された。西部地区にはグリーンモール商店街があり，グリー

表序 - 2　外国人人口（国籍別）

(単位：人)

	1980	1985	1990	1995	2000	2005	2010	2015
総数（＊1）	5,660	5,512	5,242	4,723	4,244	3,891	3,734	3,370
韓国・朝鮮	5,469	5,379	5,014	4,486	3,892	3,213	2,682	2,234
中国	26	41	65	94	170	373	659	574
アメリカ	26	20	24	29	25	40	23	29
その他	35	36	139	105	139	265	370	533
東南アジア 　　南アジア　総数	…	…	49	65	88	90	174	400
フィリピン	…	…	46	59	63	73	89	91
タイ	…	…	―	1	5	7	15	36
その他	…	…	3	5	20	10	70	273
イギリス	…	…	―	15	18	6	9	13
ブラジル	…	…	―	9	2	2	3	3
ペルー	…	…	―	―	―	2	―	4
その他	35	36	90	16	31	165	184	113

(＊1)　無国籍及び国名「不詳」を含む。
出典：「統計しものせき」（外国人人口）より作成

ンモール商店街では，2001年から「リトル釜山フェスタ」が開催されている。

　しかし，表序 - 2のとおり，1980年5,660人を数えた下関市の外国人人口は，2015年には3,370人にまで減少している。それは韓国・朝鮮籍人口の減少によるもので，1980年5,469人，1995年4,486人，2000年3,892人，2010年2,682人，2015年2,234人となっており，その減少は著しい。また，外国人人口に占める韓国・朝鮮の割合の低下も著しく，1980年の97％から2015年には66.3％にまで低下している。これに対して1990年以降は中国籍外国人が増加傾向にあり，2015年は574人で17.0％を占めている。これに次いで東南アジア・南アジアが533人で15.8％と多くなっている。

③　地区別人口

　下関市の人口がピークであった1980年から2015年までの地区別人口の推移（表序 - 3）をみると，17地区中5地区で人口が増加している。一方，減少している12地区のうち8地区が，人口のピークが1980年であることから，全市同様に人口減少の傾向にあることがわかる。人口減少率は，豊北，内日，本庁

表序 − 3　地区別人口の変化（1980年→2015年）

	人口（人）		人口増減			期間中人口が最大となる年	高齢化率	外国人人口
	1980年 A	2015年 B	数（人） C（=B−A）	率 C/A×100	順位（降順）		2015年	
全市	325,478	268,517	-56,961	-17.5%	−	1980年	32.8	3,370
本庁	105,508	67,646	-37,862	-35.9%	13	1980年	35.1	1,831
彦島	41,953	26,635	-15,318	-36.5%	14	1980年	35.4	389
長府	30,179	28,582	-1,597	-5.3%	8	1995年	32.8	247
王司	5,871	7,637	1,766	30.1%	2	2010年	31.5	32
清末	5,382	6,473	1,091	20.3%	4	2010年	23.1	63
小月	8,016	6,702	-1,314	-16.4%	9	1980年	31.2	29
王喜	3,256	3,300	44	1.4%	5	2000年	29.2	18
吉田	2,121	1,410	-711	-33.5%	12	1980年	38.2	6
勝山	13,780	25,382	11,602	84.2%	1	2010年	23.3	258
内日	1,996	1,142	-854	-42.8%	16	1980年	44.0	4
川中	26,797	32,903	6,106	22.8%	3	2000年	24.2	211
安岡	15,377	14,575	-802	-5.2%	7	1990年	32.6	94
吉見	8,721	6,167	-2,554	-29.3%	11	1980年	38.0	29
菊川	8,015	7,733	-282	-3.5%	6	2005年	34.0	24
豊田	8,602	5,341	-3,261	-37.9%	13	1980年	43.5	10
豊浦	21,866	17,635	-4,231	-19.3%	10	1985年	39.6	95
豊北	18,038	9,254	-8,784	-48.7%	17	1980年	49.7	30

出典：「下関市地区別人口ビジョン」（2016年）をもとに，2015年度国勢調査結果を新たに加えて作成

地区の順で高く，また，本庁地区の人口減少数は市全体の約75％を占めている。また，2015年現在，高齢化率の最も高いのは豊北地区であり，外国人登録人口は本庁内で約5割を占める。

(3)　産業と経済の動向

①　事業所数と従業員数の動向

　2016年現在の下関市の産業構造は，事業所数でみると，第一産業（農林漁業）が0.6％，第二次産業が14.3％，第三次産業が85.1％となっており，全産業の9割弱が第三次産業の構造をもっている。第三次産業の中では，「卸売業・小売業」が30％を占め，次いで「宿泊業，飲食サービス業」が12.1％で

表序 - 4　産業別事業所数および従業員数

（単位：事業所，人）

産業分類	2016年			
	事業所数	構成比（%）	従業者数	構成比（%）
総数	11,988	100.0	109,722	100.0
第一次産業	77	0.6	1,000	0.9
農林漁業	77	0.6	1,000	0.9
第2次産業	1,711	14.3	23,671	21.6
鉱業，採石業，砂利採取業	9	0.1	66	0.1
建設業	1,001	8.4	7,041	6.4
製造業	701	5.8	16,564	15.1
第3次産業（公務を除く）	10,200	85.1	85,101	77.6
電気・ガス・熱供給・水道業	11	0.1	336	0.3
情報通信業	67	0.6	774	0.7
運輸業，郵便業	322	2.7	7,567	6.9
卸売業，小売業	3,591	30.0	23,899	21.8
金融業，保険業	226	1.9	3,460	3.2
不動産業，物品賃貸業	707	5.9	2,310	2.1
学術研究，専門・技術サービス業	378	3.2	1,761	1.6
宿泊業，飲食サービス業	1,450	12.1	10,367	9.4
生活関連サービス業，娯楽業	1,092	9.1	4,772	4.3
教育，学習支援業	358	3.0	2,848	2.6
医療，福祉	1,030	8.6	18,751	17.1
複合サービス事業	92	0.8	858	0.8
サービス業（他に分類されないもの）	876	7.3	7,398	6.7

出典：「統計しものせき」より作成

多い。「従業員数」でみると，事業所数と同様に第三次産業の占める割合が77.6%と8割を占めているが，事業所数の割合より低い。これに対して，第二次産業の占める割合が21.6%となっており，事業所数と比べると7ポイント高くなっている。また，第三次産業では「卸売業・小売業」が事業所数と同様に，21.8%と最も高いが，その割合は9ポイント低い。これに次ぐのは「医

図序－1　事業所数および従業員数の推移

注：「経済センサス―基礎調査および活動調査」総務省統計局
出典：「統計しものせき」をもとに作成

療・福祉」で17.1％を占め，事業所数の割合より9ポイント近く多い。しかし，事業数および従業員数は減少傾向にあり，事業所数では2001年の12万4,676所から1万5,000所減少し10万9,722所となり，従業者数では2001年の1万4,707人から約3,000人減少し1万1,988人となっている。

②　産業別生産額の動向

　産業別生産額では，第一次産業は0.8％，第二次産業が25.8％，第三次産業は73.4％となっており，「製造業」が19.2％を占めている。第三次産業では，「不動産業」が13.6％と高くなっている。生産額は1996年の9,802億5,500万円をピークに減少傾向にあり，2010年に9,000億円を割って以降回復傾向にあり，2014年の産業総生産額は9,028億5,400万円となっている。

　三方が海に開かれている地理的特性により戦前は，遠洋漁業基地と近代捕鯨の発祥の地として水産業を発展させ，下関市の基幹産業となった。戦後も，下関漁港は特定第三種漁港として指定され，1966年には年間水揚げ量が日本一となった。こうして下関市は漁業・流通・加工を含めた水産業や当時好況だった造船業の拠点として経済発展を遂げてきたが，1970年代に入ると，「漁業水域に関する暫定的措置法」施行に伴う漁業水域の200海里体制への移行により水揚げ量が年々減少し，水産業の衰退は著しい。下関漁業の発展を担ったのは「捕鯨」である。現在でも全国有数の商業捕鯨基地であり，調査捕鯨の基地で

表序 - 5　産業別総生産額と構成比

(単位：100万円)

産業合計（2014年）	902,854	構成比（%）
第1次産業	7,589	0.8
農業，林業，水産業	7,589	0.8
第2次産業	232,707	25.8
鉱業	1,073	0.1
建設業	57,897	6.4
製造業	173,737	19.2
第3次産業	662,558	73.4
電気・ガス・水道業	35,245	3.9
運輸業	51,259	5.7
情報通信業	8,584	1.0
卸売業，小売業	84,828	9.4
金融業，保険業	48,940	5.4
不動産業	122,601	13.6
サービス業	199,480	22.1
公務ほか	111,621	12.4

資料：市町村経済計算（山口県統計分析課）
出典：「統計しものせき」をもとに作成

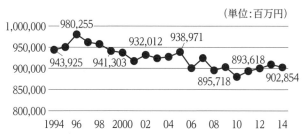

(単位：百万円)

図序 - 2　産業別生産額の推移

資料：市町村経済計算（山口県統計分析課）
出典：「統計しものせき」（総生産額）から作成

もある。また，現在もフグの水揚げ高が全国の8割を占め，フグ専用の卸売市場として南風泊市場がある。海面漁業・海面養殖業を合わせた年間販売額は年々減少傾向にあり，2016年は266億となっている。また製造業出荷額は約5,200億円を下回って推移し，卸・小売業の年間販売額は1999年以降減少傾向にあり，2016年の年間販売額は約5,500億円となっている。

(4) 地方創生の取り組みからみた「下関市」

① 『下関市まち・ひと・しごと創生総合戦略』（2015年10月策定）の概要

　下関市の人口は1980年以降減少が急速を進み，事業所数および従業員数，産業別生産額においても減少傾向にあることを見てきた。1980年代わが国はバブル経済を背景に，東京と地方の格差の問題が深刻化した時期であった。1990年初頭にバブル経済が崩壊すると日本経済は低迷したが，人口の東京集中は1990年代後半にはすでに始まっており，現在の「地方創生」問題の起点はこの時期になる。さて，地方はこの解決に向けた政策展開を継続的に進めてきており，下関市の場合も同様である。

　直近の『第2次下関市総合計画』（2015年8月策定）では，人口減少・少子高齢化対策を最重要課題としている。時期を重なって策定された下関市の『総合戦略』の特徴は，「『下関市まち・ひと・しごと創生総合戦略』は，『第2次下関市総合計画』」の中で，「人口減少・少子高齢化対策及びまち・ひと・しごと創生に資する施策を戦略化し，実践的な取り組みを重点的に推進するための計画として策定」（p.1）したところにある。計画は，4つの基本目標と10の目標指標を示した「Ⅰ総合戦略」と，具体的な取り組みを記載した「Ⅱアクションプラン」から構成されており，計画期間は，2015年度から2019年度の5年間としている。なお，目標指標は重要業績指標（KPI）を設定している。

　4つの基本目標と10の目標指標を簡単に紹介すると，基本目標は，①地域産業の強化，しごとの確保を促進する（目標指標：生産性の向上，就業率の上昇），②下関に集う人，下関に暮らす人を増やす（目標指標：交流人口の増加，

純移動率の縮小），③ いのちを大切にし，子どもを産み育てやすい環境を整え
る（目標指標：人口の自然増減率の維持，健康寿命の延伸，市民満足度の向
上），④ 地域の活力を活かし，持続可能な地域社会をつくる（目標指標：まち
づくりの取り組みとまちの魅力の満足度及び居住意向割合の向上）である。さ
らにそれぞれに実施事業が設定されている。以上の内容は，「表序 - 6　基本
目標と施策の柱の構成」に示すとおりである。

②　2017年度の進捗状況

　前述のとおり，国の『まち・ひと・しごと創生総合戦略（2018年改定版）』
によると，2019年度において「地方公共団体においては，現行の『地方版総
合戦略』の進捗状況の検証とともに，現行の『地方版総合戦略』の総仕上げと
次期『地方版総合戦略』の政策課題の洗い出しを行う」ことが明示されている，
下関市においては，2015年10月に『下関市まち・ひと・しごと創生総合戦
略』（以下，下関市総合戦略）を策定して以降，2015年度から毎年度，進捗状
況を公表している。

　3年目にあたる2017年度の94項目の進捗状況をみると，図序 - 3に示され
るように，「概ね順調に推移している指標」は55，「目標の達成に向けて更な
る取組が必要な指標」は38，その他は1になっている，これをみる限り，38
の項目が一層の取り組みを必要とするのであり，2018年度の取り組みの成果
を期待すると言わざるを得ない現状にある。

　さらに詳しく表序 - 7から，基本目標をみていくと，「概ね順調に推移して
いる指標」は，基本目標2の① 交流人口の増加と，基本目標3の② 健康寿
命の延伸の2つである。前者の「交流人口の増加」では，目標値として観光
客数1,000万人，宿泊客数100万人を設定し，2017年度は，観光客数は
70.6％，宿泊客数81.0％を達成している。後者の「健康寿命の延伸」は，目
標値として平均寿命の延伸を上回る健康寿命の延伸を掲げ，2017年度は男女
ともに達成している。一方，「目標の達成に向けて更なる取組が必要な指標」
は，基本目標1の① 生産性（就業者1人あたり総生産）の向上及び就業率の
上昇，基本目標2の② 純移動率の縮小，基本目標3の① 人口の自然増減率

表序 - 6　基本目標と施策の柱の構成

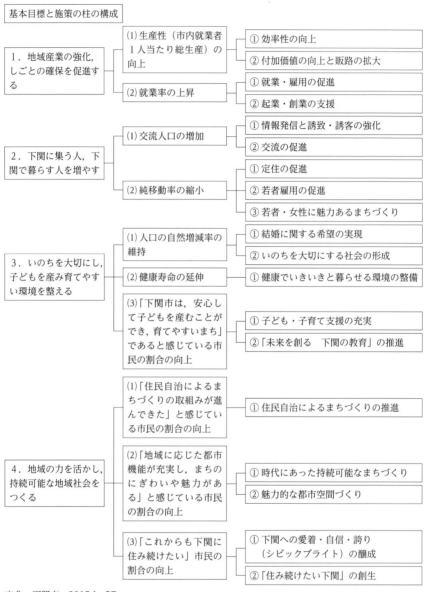

基本目標と施策の柱の構成

1．地域産業の強化，しごとの確保を促進する	(1)生産性（市内就業者1人当たり総生産）の向上	① 効率性の向上
		② 付加価値の向上と販路の拡大
	(2)就業率の上昇	① 就業・雇用の促進
		② 起業・創業の支援
2．下関に集う人，下関で暮らす人を増やす	(1)交流人口の増加	① 情報発信と誘致・誘客の強化
		② 交流の促進
	(2)純移動率の縮小	① 定住の促進
		② 若者雇用の促進
		③ 若者・女性に魅力あるまちづくり
3．いのちを大切にし，子どもを産み育てやすい環境を整える	(1)人口の自然増減率の維持	① 結婚に関する希望の実現
		② いのちを大切にする社会の形成
	(2)健康寿命の延伸	① 健康でいきいきと暮らせる環境の整備
	(3)「下関市は，安心して子どもを産むことができ，育てやすいまち」であると感じている市民の割合の向上	① 子ども・子育て支援の充実
		②「未来を創る　下関の教育」の推進
4．地域の力を活かし，持続可能な地域社会をつくる	(1)「住民自治によるまちづくりの取組みが進んできた」と感じている市民の割合の向上	① 住民自治によるまちづくりの推進
	(2)「地域に応じた都市機能が充実し，まちのにぎわいや魅力がある」と感じている市民の割合の向上	① 時代にあった持続可能なまちづくり
		② 魅力的な都市空間づくり
	(3)「これからも下関に住み続けたい」市民の割合の向上	① 下関への愛着・自信・誇り（シビックプライト）の醸成
		②「住み続けたい下関」の創生

出典：下関市，2015d：57

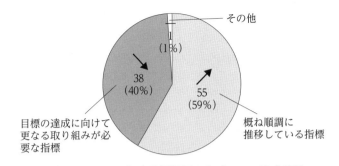

図序 – 3　2017年度目標指標および KPI の達成状況
出典：下関市総合政策部企画課からの提供資料（2018/11/25）に基づき作成

の維持，及び ③ 下関市は安心して子どもを産むことができ育てやすいまちで
あると感じている市民の割合の向上，基本目標４の ② 地域に応じた都市機能
が充実し，まちのにぎわいや魅力があると感じている市民の割合の向上，③
これからも下関に住み続けたいと思う市民の割合の向上の計８の目標指標で
ある。

(3)　今後の展開

　以上をみる限り，2018年度中に「目標の達成に向けて更なる取組が必要な
指標」の８つをいかに目標指標に近づけるかが政策課題であることは言うま
でもない。先述のとおり，2019年度は「総合戦略」の進捗状況の検証―すな
わち下関市においても2018年度進捗状況の検証がきちんとなされ，これをも
とに現行の『下関市総合戦略』の総仕上げをし，次期『下関市総合戦略』の政
策課題の洗い出しに取り組むことになる。

　前述のとおり，現行の『下関市総合戦略』は，『第２次下関市総合計画』
（2015年８月策定）における「人口減少・少子高齢化対策」および「まち・ひ
と・しごと創生に資する事業」を戦略化したところに特徴があるが，『第２次
下関市総合計画』は来年度で前期計画が終了することから，2019年度は後期
計画の策定に着手することになっている。この点においても，現行の『下関市
総合戦略』の政策課題の洗い出しがこれに反映されることになろう。

表序 - 7　2017年度下関市まち・ひと・

	基準値	目標値
基本目標　1　地域産業の強化，しごとの確保を促進する		
目標指標① 生産性（就業者1人あたりの総生産）の向上	7,249千円 （H24）	7,749千円 （H31）
目標指標② 就業率の上昇	52.2% （H22）	54.3% （H31）
基本目標　2　下関に集う人，下関で暮らす人を増やす		
目標指標① 交流人口の増加	（観光客数） 6,791,242人 （宿泊客数） 803,863人 （H26）	（観光客数） 1,000万人 （宿泊客数） 100万人 （H31）
目標指標② 純移動率の縮小	（全数） -0.0029 （15-29歳） -0.0212 （20-39歳女性） -0.0122 （H26）	（全数） -0.0020 （15-29歳） -0.0200 （20-39歳女性） -0.0100 （H31）
基本目標　3　いのちを大切にし，子どもを産み育てやすい環境を整える		
目標指標① 人口の自然増減率の維持	-6.2 （H25）	-6.2 （H31）
目標指標② 健康寿命の延伸	平均寿命の延伸 （男）0.09年 （女）0.34年 健康寿命の延伸 （男）0.16年 （女）-0.43年 （H22-25平均）	平均寿命の延伸を上回る健康寿命の延伸
目標指標③ 下関市は安心して子どもを産むことができ育てやすいまちであると感じている市民の割合の向上	27.6% （H25）	51.0% （H31）
基本目標　4　地域の活力を活かし，持続可能な地域社会をつくる		
目標指標① 住民自治によるまちづくりの取り組みが進んできたと感じる市民の割合の向上	14.5% （H26）	16.0% （H31）
目標指標② 地域に応じた都市機能が充実し，まちのにぎわいや魅力があると感じている市民の割合の向上	8.8% （H26）	15.0% （H31）
目標指標③ これからも下関に住み続けたいと思う市民の割合の向上	（全層）87.6% （20代）77.0% （20，30代女性）78.7% （H26）	（全層）90.0% （20代）80.0% （20，30代女性）80.0% （H31）

出典：下関市総合政策部企画課からの提供資料（2018/11/25）に基づき作成

しごと創生戦略　総括表

H29年度 9 月 1 日現在			構成する KPI の状況			
基準値	達成率	進捗状況	総数	↗	↘	－
7,468千円	96.4%	↘	22	19	2	1
－※		↘	9	8	1	0
（観光客数）706万人（宿泊客数）81万人	（観光客数）70.6%（宿泊客数）81.0%	↗	9	7	2	0
（全数）-0.0038（15-29歳）-0.0200（20-39歳女性）-0.0140	（全数）52.4%（15-29歳）99.8%（20-39歳女性）71.1%	↘	7	3	4	0
-7.81	79.4%	↘	10	3	7	0
平均寿命の延伸（男）-0.11年（女）0.23年健康寿命の延伸（男）-0.03年（女）0.29年	（男）達成（女）達成	↗	6	3	3	0
26.48%	51.9%	↘	9	3	6	0
11.68%	73.0%	↘	1	1	0	0
5.74%	38.30%	↘	9	6	3	0
（全層）85.95%（20代）66.43%（20，30代女性）75.97%	（全層）95.5%（20代）83.0%（20，30代女性）95.0%	↘	2	0	2	0
※代替値により評価			84	53	30	1

2　研究課題と本書の構成

　前述の人口と産業・経済の動向，地方創生事業の進捗状況を踏まえると，下関市の課題解決は道半ばと思われる。『下関市人口ビジョン』（2015年）では，下関市の少子化と高齢化の背景について，次のように述べている。

　　「本市は本州の最西端に位置する地理的特性から九州や中国大陸への玄関口となり人や物が交流する拠点として栄えてきましたが，1958年の関門国道トンネルの開通，1973年の関門橋開通，1975年の山陽新幹線全線開通に加え，航空網が整備されたことなどにより，次第に本市の交流拠点としての優位性が失われてきたことが，要因のひとつであると考えられます。

　　また，本市は戦後の水産資源への需要の高まりから，漁業・流通・加工を含めた水産業や当時好況だった造船業の拠点として，戦後の荒廃から比較的早期に回復し経済発展を遂げました。しかし，1970年代には，漁業資源の枯渇に加え，「漁業水域に関する暫定措置法」施行に伴う漁業水域の200海里体制への移行により，遠洋漁業基地としての優位性が低下，また，1980年代に入ると，1970年代のオイルショックに追い打ちをかけるように円高を背景とした造船不況の深刻化が続いたことから，次第に本市経済を支えていた基幹産業が停滞しました。

　　全国的な人口減少・少子高齢化の流れに加え，上記のような本市に特有の要因が加った結果，全国よりも早い段階で人口減少に転じたものと考えられます」（下関市　2015e：1）

　この指摘は，地方創生の問題が当該地域の地理的位置や歴史的経済的社会的特性の把握なしには論じられないことを明示している。つまり，地理的位置や歴史的経済的社会的特性に根差した「下関」という都市の「固有性」―都市的（生活）世界―を問うことである。本書の主題はここにある。この解明をとおして，持続可能な都市の方途を見出すことが本書の最終の目標である。

　では，「下関」という都市の「固有性」―都市的（生活）世界―をどのような

分析視点（課題）と方法から解明しようとするのか。それは，「交流・連携」
「在日コリアン」「まちづくり」の３つの視点であり，これを社会学的実証研
究から明らかにしようとする。

　第１の「交流・連携」の視点は，古代以前から九州や中国大陸・朝鮮半島
に渡る玄関口としての下関市の地理的位置にあり，その結果，国内外のヒト・
モノ・文化が交流する拠点，結節点としての役割を担ってきた。その中心に関
門海峡─なかんずく下関港があった。前述の高速道路や鉄道網なども陸路の整
備により本州の最西端の優位性は確かに低下してきてはいる。しかし，21世
紀に入り急速に進展するグローバリゼーションの下，国際ターミナルの整備や
姉妹都市の締結など，世界とりわけ東アジア諸都市・地域とのヒト・モノ・文
化の「交流」が活発化すると同時に，関門連携や朝鮮通信使再現行列など，国
内外諸都市・地域との新たな連携の展開を示しており，改めてヒト，モノ，文
化の交流・連携の拠点，結節点の視点から「下関市」の存続可能性を問う。

　第２の「在日コリアン」の視点は，1905年の関釜連絡船の就航および韓国
併合以降，下関の在留朝鮮人の数は増加し，1940年には１万8,000人に達し
ていたと記録されている。終戦後帰国できなかった人々が山陽本線の軌道に
沿って朝鮮人集住地（トンネ）が形成された。1950年の登録人口は7,175人，
前掲のとおり，2015年現在2,234人にまで減少している。しかし，下関駅前
のグリーンモール商店街で開催される「リトル釜山フェスタ」は2001年より
開催されており，また「馬関まつり」における「朝鮮通信使再現行列」も
2004年から始まり，ともに定着している。下関市にとって「在日コリアン」
の存在は固有の文化と交流ネットワークを形成しており，この視点から「下関
市」の持続可能性を問うものである。

　第三の「まちづくり」の視点は，2005年の１市４町の合併により新たに誕
生した下関市は，2015年以降，新たな住民自治の仕組みとして「まちづくり
協議会」政策を推進している。2016年度内には17地区に「まちづくり協議
会」が設置され，2017年度以降本格的に「地区まちづくり協議会活動」が始
まった。地域の担い手は住民であることは言うまでもなく，地域固有の歴史，

風土，産業，文化に根差した住民主体のまちづくりが，今後の「下関市」の持続的発展に果たす役割は大きい。

　以上の分析視点に基づき，本書は以下のような構成となっている。

　第1章および第2章は歴史分析を行っている。第1章では，下関市の歴史を，第1点目の「交流・連携」の視点から概観し，下関市のもつ「ヒト・モノ・文化が交流する拠点，結節点」としての役割の再規定を試みる。第2章では，第2点目の「在日コリアン」の視点につながる下関市と韓国・釜山との交流の歴史を，関釜連絡船の就航が開始される1905年にまで遡り，戦前・終戦時に在留朝鮮人の動向，李ライン，山口県韓国人居留民団および山口県日韓親善協会，下関広域日韓親善協会の設立展開，韓国総領事館の下関誘致運動，経済的交流（漁業，貿易，商店街，ポッタリチャンサ）を取り上げている。

　第3章は，関門海峡を隔てた「下関市」と「北九州市」の交流・連携を主題に，両都市の交流の歴史と現在，1980年代以降に始まる両自治体間の「関門連携事業」，関門連携事業から生まれた「東アジア経済交流機構」の設立，「関門港」の東アジアへの展開を取り上げ，「海峡都市・下関」を浮き彫りにする。第4章では，姉妹都市協定を結んでいる下関市および釜山市との自治体交流から，九州，山口へと拡がる都市間連携の実態を取り上げる。第5章では，現代に蘇る江戸時代の「朝鮮通信使」と下関を主題として，ユネスコ世界の記憶遺産登録に至るまでの40年近くにわたる日韓の「朝鮮通信使」の取り組みとゆかりのある都市・地域との交流・連携の歴史を取り上げ，下関市における取り組み，釜山市（釜山文化財団）との連携の実態，他都市の連携について取り上げている。

　第6章は，第2章および第4章を踏まえ，「在日コリアンの生活世界」として主題化している。本章では第一に戦前および戦後の朝鮮人集住地―とりわけ終戦後山陽本線の軌道にそって形成された朝鮮人集住地（トンネ）の分布，第二は韓国釜山との交流，第三は，地方都市の在日コリアンの3つの視点から分析を試みている。

　第7章は，コミュニティ再編とまちづくり協議会を主題に，第一は下関市

連合自治会および市民活動団体（市民活動センター）の活動実態，第二は
2015年度から市が推進している「まちづくり協議会政策」とその事業展開，
第三は西部地区，豊田地区，豊浦地区の３つのまちづくり協議会を取り上げ，
まちづくり協議会活動の事例研究を試みている。

　終章では，これまでの研究成果を踏まえて，地方の中核市でもある下関の持
続可能性について３つの視点から言及し，最後に今後の展望についてふれて
いる。本研究は，下関市の都市としての持続可能性がその地理的特性にあるこ
とに注目しして出発した。これを根拠に下関を「海峡都市」と位置づけ，この
下関の都市性を，第１は「連携・交流の拠点」の視点，第２は「在日コリア
ン」の視点，第３は「まちづくり」の視点から解明した。この下関の持つ豊
かな都市性が，これからの下関市の持続的発展に大きく貢献すると，執筆者ら
は，判断している。

　以上が本書の構成であるが，要約して示せば，次頁の「図序−４」のよう
になる。

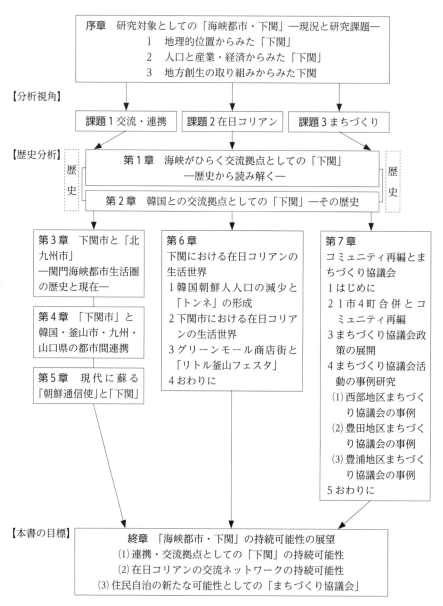

序章　研究対象としての「海峡都市・下関」─現況と研究課題─
　　　1　地理的位置からみた「下関」
　　　2　人口と産業・経済からみた「下関」
　　　3　地方創生の取り組みからみた下関

【分析視角】

課題1　交流・連携　　　課題2　在日コリアン　　　課題3　まちづくり

【歴史分析】

歴史

第1章　海峡がひらく交流拠点としての「下関」
　　　─歴史から読み解く─

第2章　韓国との交流拠点としての「下関」─その歴史

歴史

第3章　下関市と「北九州市」
─関門海峡都市生活圏の歴史と現在─

第4章　「下関市」と韓国・釜山市・九州・山口県の都市間連携

第5章　現代に蘇る「朝鮮通信使」と「下関」

第6章
下関における在日コリアンの生活世界
1　韓国朝鮮人人口の減少と「トンネ」の形成
2　下関市における在日コリアンの生活世界
3　グリーンモール商店街と「リトル釜山フェスタ」
4　おわりに

第7章
コミュニティ再編とまちづくり協議会
1　はじめに
2　1市4町合併とコミュニティ再編
3　まちづくり協議会政策の展開
4　まちづくり協議会活動の事例研究
　(1)　西部地区まちづくり協議会の事例
　(2)　豊田地区まちづくり協議会の事例
　(3)　豊浦地区まちづくり協議会の事例
5　おわりに

【本書の目標】

終章　「海峡都市・下関」の持続可能性の展望
(1)　連携・交流拠点としての「下関」の持続可能性
(2)　在日コリアンの交流ネットワークの持続可能性
(3)　住民自治の新たな可能性としての「まちづくり協議会」

図序-4　本書の構成

《注》───────────────────────────────

(1)　内閣官房まち・ひと・しごと創生本部事務局が実施した2016年3月31日現在の地方人
　　口ビジョン及び地方版総合戦略の策定状況は，47都道府県（100％），1,737市区町村
　　（99.8％）であった（『地方人口ビジョン及び地方版総合戦略策定状況』（2015年4月19
　　日発表）（2015年4月19日発表）

【引用・参考文献】───────────────────────────

金子勇，2016，『地方創生と消滅』ミネルヴァ書房

増田寛也，2014，『地方消滅』中公新書

内閣官房まち・ひと・しごと創生本部，2014，『まち・ひと・しごと創生総合戦略』

内閣官房まち・ひと・しごと創生本部事務局，2016，『地方人口ビジョン及び地方版総合戦
　　略策定状況』

中山徹，2016，『人口減少と地域の再編―地方創生・連携中枢都市・コンパクトシティ』自
　　治体研究社

難波利光編著，2017，『地域の持続可能性―下関からの発信』学文社

下関市，2010，『下関市都市計画マスタープラン』下関市

　　──，2015a，『第2次下関市総合計画』下関市

　　──，2015b，『下関市住民自治によるまちづくり推進計画』下関市

　　──，2015c，『連携中枢都市宣言書（2015年9月30日）』下関市

　　──，2015d，『下関市まち・ひと・しごと創生総合戦略』下関市

　　──，2015e，『下関市人口ビジョン』下関市

　　──，2016，『下関市地区別人口ビジョン』下関市

下関市市史編修委員会編，1983，『下関市史　市制施行―終戦』下関市役所

　　──，2008，『下関市史　原始―中世』下関市

　　──，2009，『下関市史　藩制―市制施行』下関市

和田清美・魯ゼウォン，2017，「地方創生と地域資源―山口県下関市の事例研究」『都市政
　　策研究』首都大学東京都市教養学部都市政策コース，11：15-39

　　──，2019，「地方中核市の地域活性化―山口県下関市の事例研究③―」『人文学報』首
　　都大学東京人文科学研究科，515-1：1-32

第1章
海峡がひらく「交流拠点」としての下関
―歴史から読み解く―

1　分析の視点―ヒト・モノ・文化の結節点からみる―

　下関市は，図1－1のように，対馬海峡を挟んで韓国釜山までは250㎞，
中国上海までは900㎞と非常に近く，古くから大陸からの文化の流入路であっ
たことから国際的交通路の結節点としての役割を担ってきた。国内的には本州
の最西端に位置することから海陸の要衝地として，また関門海峡をへだてて隣
接する九州への渡航口としての役割を長い間担ってきた。市域の中心部はこの
関門海峡に沿っており，中央部は中国山脈の山なみの西端をなしている。

図1－1　下関市の位置
出典：下関市市史編修委員会編　2010：6
http://www.city.shimonoseki.lg.jp/www/contents/1268616056384/files/2syou.pdf

　本章の主題である下関の都市形成の歴史は，このような地理的位置の「固有性」に多くを負っている。関門海峡を舞台として展開した「源平壇之浦合戦」や「下関戦争」はこのことと無縁ではない。JRや関門自動車道，航空網の整備などにより本州の最西端の意味は薄らいできているが，下関の歴史においては，高々この1世紀に過ぎない。

　本章では，このような地理的特性をもつ下関の歴史を，ヒト・モノ・文化の結節点としての視点から読み解くことで，交流拠点としての「海峡都市・下関」の都市性を浮き彫りにしたい。

2　古代から中世における「下関」：海陸交通の要衝地として

(1)　下関の成立

　『下関市史　原始―中世』によれば，「下関の名称は，古代に長門国に設けられた関，長門関に由来する」（下関市市史編修委員会編　2008：277）とある。古代の関は，交通の検察を目的として設置されたものであるが，長門関は西端の海関という性格をもちながら，陸上交通の検察も行ってきた海陸交通の検察が置かれた地であり，「下関」は，「長門関」の別称と考えられている（同上，p321）。

　さて，この「長門国」は，「大化改新より，前から使われていた穴門（あなと）と阿武（あむ）の二つの国が一つの国にまとめられ，長門の国になりました」（下関市教育委員会　1996：33）とある。穴門国の由来は，「長門は，『古事記』や『日本書記』によれば，古くは『穴門』または『穴戸』と書き，『アナト』『アナガト』『ナガト』と呼んだ……（中略）……『穴門』は瀬戸内の関門海峡の部分を指したもの」（小林・中原　1983：43）と述べられている。

　この「穴門国」については，『日本書記』の伝える伝承として以下のものがある。仲哀天皇2年（193年）3月に反乱した熊襲を伐つために穴門に来た天皇が豊浦宮（長府の忌宮神社境内）を建て，同9年橿日宮で亡くなってしまっ

た。そこで神宮皇后は仲哀天皇の遺体を豊浦宮に移し，朝鮮半島の戦いの帰途，棺を守って大和に帰ったという記録がある（下関市教育委員会　1996）。また，神宮皇后は，この戦いで表筒男，中筒男，底筒男の3人の神様に守られたことを感謝して，穴門の山田邑にまつり，神社をつくった。これが現在の長門一の宮（住吉神社）である。さらに「欽明天皇が政治を行なっていた西暦561年に新羅の国の使いが難波に行き，船にのって穴門に帰った」との記録が残されており（同上，p.30），この時に「穴門館」の修理が行われていて，この建物は外国からの客をもてなす建物であったことが知られている（下関市市史編修委員会編　2008：324）。伝承とはいえ，この時代から国内だけでなく，大陸からも人々が関門海峡をわたって難波にまで行き来していたことがわかる。

　さて，646年（大化2年）の大化の改新により国郡制が敷かれ，各国に中央から国司が派遣される。国司が執務する地方政庁を「国衙」と言い，その所在地を「国府」と言った。「長門国」の国府は「長府」に置かれ，朝廷は律令国家の各種の出先機関をここに置いた。国府がおかれた「長府」は，「豊浦津」と呼ばれ，東に「山陽道」，西は「山陰道」に通じた「海陸交通の要衝」の場所であった。朝廷は，主要街道に「駅場」を配置するなど交通体制が整備し，「長門国」には，官用の物資や官人輸送のための「駅家」が配置された。（図1－2参照）

　また，大陸から日本に来た渡来人との外交のために，山陽道の西端の「臨門駅」に外国人接待のための客館（臨門館）が設けられた。さらに朝廷は，665年，新羅・唐の連合軍が日本本土に侵攻してくることを恐れて北九州から瀬戸内沿岸の防備を強化し，長門国に城（長門城）を築かせ，732年には「豊浦軍団」が配置されるようになった。国力が充実し，経済活動が活発すると，貨幣の鋳造に着手し，708年，「長門鋳造所」が設置されている。また，741年には「国分寺建立」の詔が発せられ，長門国にも「国分寺」「国分尼寺」が設置された。

　こうして，「長府」は地方行政の中心地として整備され繁栄する一方で，周辺には農村地帯として8つの郷―厚狭郡吉田郷・末室郷，豊浦郡日内郷・生

図1－2　山陽道（長門・周防部）の駅家図
出典：下関市市史編修委員会編　2008：197

倉郷・室津郷，額部郷，駅家郷・神田郷―が拡がっていた。

　以上のように，古代において下関市域を中心とする「長門国」は，本州西端の海陸交通要地（検察地）として，また大陸外交や防衛拠点を初めとした各種の律令国家の出先機関が置かれていたのである。

(2)　「壇ノ浦の戦い」と平家の滅亡―古代から中世へ

　7世紀に始まった律令国家の地方制度が，時代とともにゆるみはじめ，藤原氏による摂関政治へと移っていく。私有地は荘園として発展していく。やがて荘園を基盤とした「武士団」が各地で発生する。都では藤原氏の摂関政治から上皇による院政の時代へと移っていたが，全国の武士団の中から，平氏と源氏の二大勢力に編成されていき，両者の勢力争いが活発化していく。まず，政権をとったのは平清盛で最初の武家政治を打ち立て，太政大臣となった。平氏一族の知行国の多くは西国とくに瀬戸内海にあり，清盛は当時の中国（宋）との日宋貿易から大きな利益をあげ，瀬戸内海を勢力基盤としていた。これに対

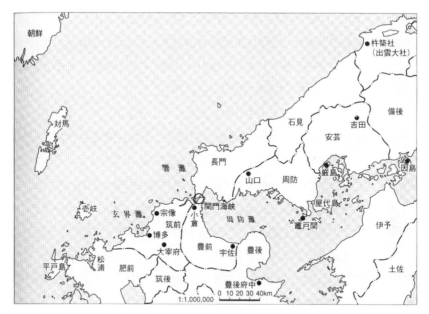

図1-3　関門海峡を取り巻く中世的世界
出典：下関市市史編修委員会編　2008：406

して，源氏は，東国に基盤をもっていた。源平合戦の結果，源義仲に攻められ
都落ちした平氏一門は西国武士団の力で勢力回復を図ろうとした。しかし，義
仲に代わった頼朝が弟の義経・範頼を派遣して平氏を追討した。義経は，一の
谷・屋島の戦いで平氏を破り，長門国の関門海峡の「壇ノ浦」に追い詰めた。
海上戦を制したのは源氏で，これにより平氏は全滅した。1185年3月のこと
である（古川薫　1993）。こうして古代の摂関政治の延長ともいえる平氏の政
権は完全に滅亡し，これに代わって源頼朝が鎌倉に幕府を開き，名実ともに中
世の武家政治―封建制度が始まった。その舞台が赤間関（下関）であった。
（図1-3参照）

(3)　「元寇」の襲来と国防基地としての「長門探題」―中世前期

　「壇ノ浦の戦い」で平氏を滅ぼした源頼朝は，1185年4月源氏ゆかりの地
である鎌倉に武家政治の中枢機関である侍所・門注所・政所を置き，1185年

11月には諸国に守護・地頭を置き，全国の直接支配に乗り出した。長門国には「守護職」が設置され，北条氏の関係の者が多く任命されている。長門守護の居館である「守護所」はそれまでの国府（長府）に置かれ，これまでと同様「長府」は地方行政の中心であった。

　鎌倉政権下の「長門国」を大きくゆり動かした出来事は，中国の元（モンゴル）の2回の襲来であった。いわゆる「元寇」である。前述のとおり，平氏は宋時代の中国と積極的に貿易を行っていたが，正式な国交はなかった。鎌倉時代に入ってからも，私貿易が盛んであり，文化交流も盛んであった。とりわけ宋銭が輸入され，わが国に貨幣経済を浸透させたが，禅宗や新建築様式・陶磁の新技術などの宋文化が流入した（小林・中原　1987）。

　しかし，北方民族であるモンゴルが宋を滅ぼし，元が政権をとると，フビライは1268年以降4回にわたって強く国交を求めてきた。しかし，日本が応じないとみると，1274年第1回目の軍勢が「博多」に上陸した（「文永の役」）。幕府は1275年「長門警護所」を設置し，防護を固めた。予想どおり「文永の役」の翌年の1275年には元の使者杜世忠の一行が豊浦軍豊浦町室津に上陸した。このうち主だったもの5人が鎌倉におくられ，豊浦町室津に残されたものは首を切られて浜に埋められた（下関市教育委員会　1996）。2度ともどうにか危機を逃れることができたが，下関市内には，「千人塚」や「蒙古塚」などの地名や，元寇にまつわる伝承がいくつも残されている。

　このように鎌倉政府は，2度の元寇の襲来に対して，「大宰府」を拠点とした北九州沿岸の防衛を強化すると同時に，敵の進入路にあたる「長門国」には1276年執権北条時宗の弟の宗頼を派遣し西国の防衛にあたらせた。1289年には周防，長門両国の守護を兼ねさせるようにし，一般の守護以上の任務を持つようになったので「長門探題」とし，この指揮下に前掲の「長門警護番」が置かれ，関門海峡の要衝を警備させ，防塁を構築して臨戦態勢をとった。「長門探題」は，九州地方の支配のために設置した博多の「鎮西探題」と並んで，沿岸防備にあたった。

　このように元寇の2度にわたる襲来を契機として，「長門国」は鎌倉幕府勢

力の西方の拠点として強化されたのであった。

(4)　大内氏の支配と港町の形成—中世後期

　元寇の後，鎌倉幕府は50年ほどしか続かず，1333年後醍醐天皇をいただい
た建武の中興が起こる。この新政権を支えた武将の一人である足利尊氏は反旗
を翻し，南北朝の抗争が始まった。九州に落ち延びた足利尊氏は，赤間関（下
関）の阿弥陀寺のとどまり，勢力を回復した後，筑前にわたり九州を制圧する。
海路で長府へ入り，一路京都を目指し，室町幕府を開く。鎌倉幕府と同様に，
赤間関（下関）が，新興勢力の拠点となっていたことは注目される。

　当時「長門国」は厚東氏が守護に任じられていたが，1359年の頃には大内
弘世が「長門国」を制圧し，また平安中期から300年にわたり豊浦郡北部の豊
田郡（豊北町・豊田町）に勢力のあった豊田氏も大内氏に降伏し，周防・長
門・石見の３カ国は大内氏の支配となる。弘世は1370年に一の宮神社〈住吉
神社〉の社殿を造営する。この社殿は室町時代の代表的な建築物として国宝に
指定されている。弘世の次の義弘は，中国７カ国の守護となり，西日本の海
を支配し外国貿易で大きな利益を得，足利将軍を脅かす勢いをもつようになっ
た。1399年堺に兵を進めたがやぶれ（「応永の乱」），義弘は戦死する。これに
より，大内氏はまた周防，長門の２カ国だけとなった。

　その後大内氏内部で相続争いが繰り返されたが，再び勢力を拡大していった。
「応仁の乱」に２万人の兵を率いて上京した大内政弘は，1477年長門・周防・
豊前の４カ国の守護職と，石見・安芸の所領の安堵を得て帰国し，筑前・豊
前に出兵し，完全支配を進めた。そして，『大内家壁書』にまとめられる法令
を次々と発令し，家臣はもとより，領民を統制し，内政を整えていった。政弘
の子義興は1494年に家督をつぎ，関門海峡を挟んだ６カ国（長門・周防・豊
前・筑前・安芸・石見）の守護となり支配し，将軍義稙から遣明船派遣の特権
を得て勘合貿易の利益を収め，この時期西国一の戦国大名へと成長し，最盛期
となった。

　以上のように赤間関（下関）は軍事的要地としての役割が大きかったが，中

世末には「港町」として発達していた。赤間関（下関）は，山陽・山陰両道の結節点でもあったことから，この時代も海陸交通の要衝であった。中世前期の戦略上の要衝地の役割に加え，商業活動の点から関門海峡の渡海が重視され，赤間関は本州側の唯一の渡港口であることが，前掲の『大内氏壁書』のうち，赤間関と豊前小倉・門司・赤坂間船賃を定めた1487年4月20日付けの壁書に見て取ることができる。渡し場を管理する有力町人が，港町として網座を組織する有力商人が町を支配するようになっていた。赤間関には問丸・船宿・旅宿があり，長府にも活発な商工業の動きがあり，有力者が座を形成していた（下関市市史編修委員会編　2008，小林・中原　1983）。

3　近世における「下関」：西回り航路（北前船）の中継交易地として

(1)　毛利氏の支配へ

さて，中世後半に長く長門国を支配していた大内氏に代わって，毛利元就が戦国大名として台頭し，その支配は，江戸時代の終わりまで続く。毛利氏は大内氏の有力武将であったが，やがて中国，豊前・讃岐を支配するまでになり，孫の輝元の時代には，豊臣秀吉の政権下の5大老の一人になるまでになった。豊臣秀吉の政権下の「九州征伐」と「朝鮮出兵」では，赤間関（下関）はその前線基地となった。秀吉の2度にわたる朝鮮出兵は得ることは少なく，失うことが多かったとされている。その中で朝鮮の陶磁の技術が伝わり，萩焼もそのひとつとされている（下関市教育委員会　1996）。

1600年「関ヶ原の戦い」の戦いで勝利した徳川家康は，8カ国あった領地を没収し，周防・長門の2カ国を与えた。毛利藩は本藩（本家）が萩，支藩（分家）が長府，清末，徳山，岩国，さらに一門と呼ばれる家の6つから構成された。第一代目の長府藩主には毛利秀元がつき，「赤間関在番役所」（現在の市役所あたり）が設置され，長府藩から役人が来ていた。また，新地には本藩の出張所である「新地会所」があった（図1-4参照）。赤間関（下関）は，

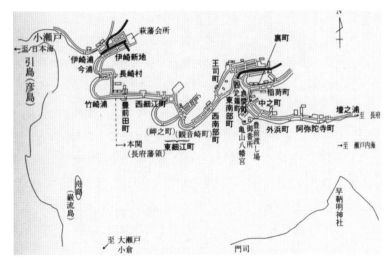

図 1 - 4　近世後期の下関概略図
出典：下関市市史編修委員会編　2009：338

　これまでみてきたように，古代から中世末まで，常に国内の海陸交通の「要
地」であり，大陸・半島に対しては本州の玄関口であり軍事基地であったが，
先にみたとおり，中世末には，次第に商品流通の「港町」としての性格をもつ
ようになっていた。

⑵　赤間関（下関）の発展―「港町」から北前船の中継地，商業都
市へ

　さて，赤間関（下関）が「西の浪速」や「小浪速」と呼ばれるようになった
のは，「西回り航路」の開通によってである。工事は川村瑞賢により進められ
1624年から44年までかかった。これは，「北前船」によって日本海岸の奥羽
筋から山陰にかけての買い集めた海産物，木材，米などを積んで日本海を下り，
関門海峡，瀬戸内海を通って大阪へ運んだ。この船を，「北前船」と呼び，米
を千石くらい詰める船であった。そして大阪や兵庫で仕入れた繊維製品，薬種，
塩などを赤間関（下関），山陰，北陸，北陸，東北，松前などへ運ぶ。赤間関
（下関）は，西回り航路の最大の中継交易地として，めざましく発展していく。

西回り航路の「北前船」だけでなく，瀬戸内海航路である地回り廻船が九州や四国方面にも出て行った。また，長崎航路もこれに直結された。長崎航路は，大阪—赤間関（下関）—長崎を往復する航路である。赤間関（下関）はこれらの廻船の必ず立ち寄る寄港地であった（下関市市史編修委員会編　2009）。

　表1‐1に示されるような多種の諸国物産の移出入に従事したのは，赤間関（下関）の問屋であった。彼らは株札を所有するきまった数の商人で一種の同業組合をつくり，仲間だけで営業を独占した。これを「問屋株」といい，領主である長府藩の保護を受けた。萩藩も赤間関（下関）のこの賑わいに目をつけ，「北前船」を相手に商売をする「越荷方」という役所をつくって儲けていたという（下関市教育委員会　1999）。このように赤間関（下関）の発展は，長府藩ならびに萩藩の経済的発展を支えた。この中から，藩の指導の下，遠隔地交易に活動していく豪商が出てくる。その中には，尊王志士のパトロンとなった白石正一郎がいた。

　赤間関（下関）の繁栄を支えていたのは，単に海運だけでない。赤間関（下関）は，山陽・山陰両道の合流点であり，本州最西の玄関口であり，九州への渡海の最も近い要地である。山陽道の終点はだいたい亀山八幡宮の正面鳥居の下あたりで，ここには現在「山陽道」の石碑がある。この石碑は1878年の建立であるが，その東にあった堂崎渡し場には「津口番所」が設けられ，出入りする人を検問した。1604年，幕府は，主要街道に一里塚を築くように命じ，長府藩領で里標を立てたのは，1743年のことであるという。市域の脇街道としては，南北の木屋川筋と，東西の西市〜滝部〜肥中筋と，南北の粟野〜滝部，二見筋と，東西の長府〜秋根〜安岡筋の4路線があり，宿駅や一里塚があった。（図1‐5参照）

(3)　外国文化との交流—朝鮮通信使，長崎オランダ商館長の通行

　北前船は物資だけでなく，人の移動にも利用された。諸大名が大阪に蔵屋敷を設けたことによって，この地域の往来は一層盛んになり，九州や長崎の大名が参勤交代に使うことも多くなった。人が集まれば，経済も発展し，文化も育

表 1 - 1 下関における取引商品の地域別一覧

地域	1779年（安永8）の商品	1862年（文久2）の商品
北陸	昆布，鯖，数子，たばこ 津軽米，越後米，米沢米 加賀米，庄内米，長岡米 明里米，柴田米，大山五歩一米 秋田能代米，亀田米，本穀米 矢島米，平沢米，本庄米 大新庄米，小新庄米，最上米 野辺地大豆，津軽大豆 能代干鰯，越後干鰯，能代干鰯 加賀干鰯，庄内干鰯	穀物，紅花，鯡身，数子，筒鯡 昆布類，干鰯，笹目，北国煙草 酒
山陰	鉄釘銑，長割（鉄） 晒蝋・生蝋，半切紙，扱苧，楮 出雲米，因幡米，因幡干鰯 魚類	穀物，鉄釘銑，扱苧 晒蝋・生蝋 楮，半紙・白保・半切其外紙類 四十物
長門・周防	晒蝋・生蝋，半切紙，塩，楮 鯨油，鯨樽物，地米（長府米） 清末米，中国米（萩藩米） 地大豆	穀物，塩，鯨骨類，鯨鰯魚油類 晒蝋・生蝋，楮 半紙・白保・半切其外紙類 四十物，竹
九州	櫨，たばこ，黒白砂糖，七島表 鯨油，鰯油，鮪樽物，塩鮪 豊前米，筑前米，肥前米 肥後米，肥後雑穀類，肥後雅子 九州干鰯	穀物，種子，干烏賊，塩 鯨鮪骨類，鯨鰯魚油類，海藻類 白黒砂糖類 煙草（国分・甘木・新田） 鰹節，櫨実，七島莚，焼物類 唐芋，四十物
瀬戸内海	塩，繰綿，たばこ，油粕，魚類	塩，繰綿，真綿，綿実，魚油類 瀬戸内煙草，素麺，藍玉，船 船道具，酢，醤油，紙類
上方	木綿，古手，茶	繰綿，真綿，木綿，素麺 古手布，畳縁，蝋燭，砥石 船道具，酢，醤油，北国下り物 北国下り荒物
その他	糖，干鰯，焚炭，酒，胡麻 刈安，材木	糖，干鰯，酒，材木

出典：下関市市史編修委員会編 2009：354

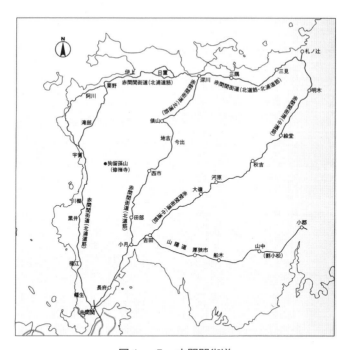

図1－5　赤間関街道
出典：下関市市史編修委員会編　2009：307

　つ。国内外の人が足を止め行き交う赤間関（下関）は，文化交流の拠点でも
あった。その中に「文化集団」ともいうべき2つの集団が通行した。江戸に
向かう朝鮮通信使と長崎オランダ商館長一行である。

　朝鮮通信使は，室町時代には7回計画され6回実行に移されたが，そのう
ち京都までたどり着いたのは3回であり，下関にも3回訪れた。豊臣秀吉に
よる2回目の「朝鮮出兵」である「慶長の役」以来途絶えていたが，江戸時
代になって再開する。1607年5月の第1回から合計12回来訪している。国書
を携え，正使・副使・従事の三使以下総勢300～500人を数え，船で釜山を出
発し，対馬―壱岐―相島を経て赤間関（下関）に至り，ここから瀬戸内海を船
で上り，大阪からは陸路となり，行列を組んで近江の朝鮮人街道から東海道を
下って江戸に入った。日光には3回訪れている。赤間関（下関）には11回滞
在し，滞在日数は，2～10日に及んだという。その間，近況の文人たちがこ

ぞって赤間関（下関）に集まり，自作の詩文への批評を求めるなど，文化交流が盛んになされた（下関市市史編修委員会編 2009）。

長崎（出島）オランダ商館長一行は，1659年から長崎―小倉間が陸路，下関―大阪間が海路，大阪―江戸間が陸路で，赤間関（下関）に一泊した。大年寄りの伊藤家か佐甲家に滞在した。随行員には，医者や植物学者がいた。1691年にはドイツの外科医であり植物学者のエンゲルト・ケンプエル，1776年にはスエーデンの植物学者であり医学者であるツンベルク，1826年にはドイツの医者であり動植物学者でもあるシーボルトもおり，シーボルトは大年寄の伊藤杢之允盛永の力を借りて海峡の測量や動植物の採集をしたという。彼らは短い滞在日数でのなかで日本人との交流をしたと記録されている（下関市市史編修委員会編 2009）。

(4) 「下関戦争」：近世から近代への転換

時代は幕末の混乱期に入っていく。文人墨客にとって下関は，平和な時代には九州にわたる前の宿泊地であったが，幕末の激動期に入ると，反幕活動に奔走する志士たちの安息所であり，隠れ場所となった。彼らを主に受けいれたのが前掲の廻船問屋の白石正一郎であったことはよく知られている。西郷隆盛や坂本竜馬も当地を訪れている。

さて，1853年，幕府が日米和親条約を結んだのを皮切りに，欧米諸国と通商条約を締結すると，関門海峡を渡る船に外国船が目立って多くなってきていた。長州藩は，1863年5月10日関門海峡を西から東へ通りぬけようとしたアメリカの商船ペンブローク号，5月23日のフランス東洋艦隊報知艦キャンシャン号，5月26日のオランダの軍艦メジューサ号の3回砲撃し撃退した。しかし，6月1日に現れたアメリカの軍艦ワイオミング号に対しては，長州藩の3隻が全滅した。さらに6月5日にはフランス軍艦2隻から前田砲台に攻撃を加えられ，前田海岸に上陸し民家が襲撃される（下関市市編修委員会編 1996，古川薫 1993）。この前日本藩藩主からの命令を受け，6月8日高杉晋作は白石正一郎家で「奇兵隊」を結成し，攘夷戦を展開することになる。

　1864年7月19日に薩長両藩が戦う「禁門の変」がおこり，その半月後の8月5日，長州藩は英米仏蘭の「四カ国連合艦隊」の襲撃を受ける。イギリス東洋艦隊を主力とした17隻の「四カ国連合艦隊」により，前田砲台と壇之浦砲台がねらわれ，2日目の8月6日朝から連合艦隊2,000人あまりの兵が前田に上陸し襲撃を受ける。3日目は彦島の砲台を攻め，4日目の朝，長州側が講和を申し込んだ。惨敗した長州藩は関門海峡の自由通行を保証することによって講和が成立し，事実上の「下関開港」となった（下関市教育委員会1996，古川薫　1993）。攘夷戦が終結し，海峡の封鎖が解除されると，港は繁栄を取り戻していくが，対岸の小倉との戦争が勃発する。この激戦の最中に将軍家茂が亡くなり，薩長同盟が成立し，ここに江戸幕府は解体に向かっていく。

4　明治から終戦までの「下関」―大陸への玄関口の近代国際都市として―

(1)　「市制施行」と「海陸交通」の近代化
①　市制施行と近代港湾への整備

　1871年4月，明治維新政府は廃藩置県を実施し，旧長府藩は豊浦県と清末県とし，同年11月には，山口，岩国，豊浦，清末の4県を排して山口県を設置した。また，旧豊浦県及び清末県を統合させて「豊浦支庁」を設置した。阿弥陀寺町に支庁が移され，後に「赤間関支庁」と改称される。明治政府は地方制度の整備に着手し，「大小区制」施行の後，これを廃止し，1878年7月には「郡区町村編成法」を公布し，「赤間関区」が誕生する。明治政府は全国の郵便業務を一元化し，「赤間関区」には赤間関郵便局と小月郵便局が配置された。1889年には市制施行され，「赤間関市」が誕生したが，1902年には「下関市」と改称した。1907年市庁舎の建設に着手し，翌年5月17日に完成した。1911年11月の県議会で県庁の改築案が提出されると，本市出身の県会議員を先頭に，「県庁移転期成同盟会」を組織し，運動を展開するが，採決の結果，移転案は5，6票差で否決された（下関市市史編修委員会編　2009）。

　また，明治政府は徴兵制に着手する一方で，国防の拠点として，下関に，要塞砲大隊が設置する。これに加えて下関要塞砲大隊が設置され，佐世保，長崎，鹿児島とともに，下関は，国の防衛拠点のひとつとして位置づけられたのである。さらに市内には，5つの砲台が築かれ，要塞砲大隊の兵舎，倉庫・将校集会所，練兵場など軍事施設が整備されていく。

　下関は江戸時代の毛利氏の統治下で北前船による諸国物産の中継交易地となり，商業都市として繁栄したことはすでにみてきたが，海運業を中心した商業都市への転換は，今日の下関を形成する基礎を築いた。明治に入っても港の繁栄は続いたが，汽船の発達と鉄道が整備されると，北前船は急速に衰えていった。これに代わって，国際的な「近代港湾整備」の動きが出てきた。1875年の上海航路の定期船の寄港開始，1883年の「特別輸出港」の指定，これに伴う三菱汽船，大阪商船，日本郵船などの出先機関の進出が活発化する。こうした動きに伴い港湾の拡張が課題として浮上し，明治中期には東南部町，唐戸湾の埋めたてが着手される。

　こうしたなか，1894年朝鮮で起こった東学党の乱をきっかけに，日本は日清戦争に突入していく。軍隊や軍需品を積んだ船が，関門海峡を通過して大陸へと進んだ。1895年4月17日，阿弥陀寺町にある春帆楼にて，「講和条約」が調印された。これをきっかけに，日本の大陸進出の出発点となるのであった。

②　山陽鉄道の開通と「下関駅」の開業

　1891年にはこれまでの赤間関商法会議所が，「赤間関商業会議所」として設立された。また，1893年には「株式会社赤間関米穀取引所」が開設された。1896年の「馬関電燈株式会社」の設立，都市銀行に加えて地元の「馬関商業銀行」の設立，1901年のイギリス領事館の開設など，文明開化を思わせる西洋館が次々建設されている。民間の山陽鉄道株式会社が「山陽鉄道」を敷設することになり，まずは1988年に兵庫～明石間が開通し，翌年には徳山まで開通した。赤間関（下関）まで開通の見込みがたったのは1989年12月のことである。まずは，「赤間関停車場」の工事にとりかかり，翌年7月から駅周辺の西細江・豊前田・竹崎海岸の埋め立て工事が着手され，1901年3月に完成した。

その２ヶ月後に停車場が完成し，５月27日京都〜赤間関間が開通した。駅名
は「馬関駅」であった。1902年市名が「下関市」に変わると，駅名も「下関
駅」に変更された。同年には，下関駅に隣接して「山陽ホテル」が建てられた。
木造２階建ての西洋館は，大陸への往来が激しくなるにつれて多くの著名人
が訪れた。日露戦争が終わった1906年４月には，東京（新橋）〜下関間に直
通の急行列車が運行されるようになり，鉄道の国有化，特別急行列車の運行に
より，「下関駅」は，陸上交通の要衝としてクローズアップされるようになる。

(2)　近代港湾都市へ―大正・昭和―
①　関釜連絡船と関門連絡船の開通

　日本は，日露戦争に勝利し，列強のひとつとして西欧諸国と対抗していくこ
とになる。1911年の日韓併合によって朝鮮半島が日本の植民地となったこと
から，下関が大陸に近いという理由で，山陽汽船社によって「関釜連絡船」が
下関と釜山の間に就航する。日韓併合に先立つ1905年のことである。９月は
「壱岐丸」，11月には「第二対馬丸」が毎日１回就航した。1906年関釜航路は
国営になった。大陸への往来が増えてくるなかで，さらに２船を配船している。
東京〜下関間の特別急行列車が運行されるようになり，また大陸側で釜山から
長春間に急行列車が運転されるようになると，週３日急行便が運行されるよ
うになった。

　大正時代に入ると，「高麗丸」「新羅丸」が配給され，1914年には下関港内
の海岸に桟橋が設けられ，直接着岸できるようになった。第一次世界大戦後は
大陸との交通が激増の一途を辿り，さらに３船が相次いで就航する。昭和年
代に入ると，わが国の大陸政策と満州国の建国，さらに国内産業が進展するに
つれて旅客と貨物が飛躍的に増大し，7,000トン級（1,846人収容）の２船が就
航するようになる。これに伴い朝鮮人の来住が多く，大正７年から昭和６年
までの14年間の渡来者は約122万人，帰国者95万人，国内残留者27万人と記
録されている（下関市市史編修委員会編　2008：687）。上陸後ただちに路頭に
迷うものも相当数に上り，大正年間から何らかの特別な保護施設が要望され，

年度	旅費貸与(人)	宿泊提供(人)	給食(人)	職業紹介(人)	各種相談(人)
昭和四	一二〇	一,四一二	三,五三一	九〇	一一,四三八
五	二四七	四,五〇二	二,五七二	三〇六	七,六七二
六	二五六	六,二九四	四,四二八	二三六	八,五四二

表6　昭和館の利用実績

写真 1 - 1　昭和館

出典：下関市市史編修委員会編　1983：687

1928年 5 月，公益法人山口県社会事業協会によって，大坪町に朝鮮人の保護施設「昭和館」が開設された（写真 1 - 1 参照）。その事業は終戦時まで継続された。

　関門連絡船は，山陽線が1901年に下関まで全通したことにより誕生した。1906年には国有鉄道化した。昭和の初めには 4 船の連絡船が 1 日 5 往復していた。1911年には，ハシケ積み輸送を廃止して，下関～門司小森江間の「関森航路」が始まった。これも1913年 6 月に国有鉄道化した。1915年から翌年にかけて第 1 ，第 2 可道橋が完成し，1919年には，自航貨車航送船「第 1 関門丸」「第 2 関門丸」が就航し，その後「第 3 関門丸」「第 4 関門丸」「第 5 関門丸」が就航するようになっていく（金賛汀　1988）。

②　港湾の拡張

　先にも述べたが，下関港は，1983年に「特別輸出港」として指定された。貿易港として態勢が整うと，貿易関係の内外商社に進出し，これに伴い外国の

領事館が次々と建設された。イギリス領事館（1910年開設），オーストリア・ハンガリー領事館（1910開設），ノルウェー領事館（1907年開設），ドイツ領事館（1908開設），アメリカ領事館（1919開設），スエーデン領事館（1920年開設），ポルトガル領事館（1921年開設），オランダ領事館（1930年開設）となっている。

　しかし，さらなる発展をするためには港域が狭く，港湾の浚渫，埋め立て修築が不可欠であった。そこで，港湾調査会は，下関港修築に関する方針を決定し，再調査の成果に基づいて内務省下関土木出張所が関門海峡改良工事を施工

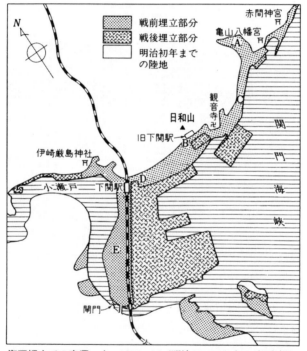

海面埋立ての変遷　A—1894〜96（明治27〜29）年の唐戸湾沿岸埋立て。B—1899（明治32）年〜1901（明治34）年の鉄道開通時の埋立て。C・D—1921（大正10）年〜30（昭和5）年の下関港湾改良第一期事業による西南部から竹崎海岸の埋立て。E—1933〜42（昭和8〜17）年下関漁港修築の埋立て。（『下関商工会議所創立百年史』により作図）

図1-6　海面埋立ての変遷
出典：小林茂・中原雅夫　1983：225

することが決まった。その後，紆余曲折があったものの，1913年8月事務所が開設され，起工準備に着手する段階にまでこぎつけた。しかし，この段階で反対派の市会議員の辞任が続出し，その数の多さから議会運営ができず補欠選挙が行われることになった。そうしたなか，反対派議員が賛成派議員宅に押しかけ，次いで市会議長，市長宅を襲撃する騒動が起きた。その結果，市長は11月に辞任するに至った。いわゆるこれが「築港騒動」である。補欠選挙後の1914年2月，市会は「下関港湾改良工事延期建議案」を採決して築港問題は終結した。

　その後，1921年11月5日「下関港港湾改良工事第1期事業」がスタートし，1930年に完成した。この工事完成によって「内海定期航海路」や「関麗連絡船」（下関～韓国・麗水港間）その他の臨時船の発着場ができ，これに付随する諸施設が整備された（図1‒6参照）。

③　「遠洋漁業」と「南平洋捕鯨」の進出

　下関市は，「ふぐ」と「クジラ」の水揚げ基地としてひろく知られている。下関の水産業は，遠洋漁業で発展した（下関市市史編修委員会編　1983）。トロール汽船は，1907年頃，万喜（世）丸・第一長門丸の入港からとされている。機船底曳網は，1917年から始められ，豊浦郡特牛港を基地にして下関漁港で水揚げする。機船巾着網は1918年から操業し，下関漁港で水揚げする。こうして下関漁港は莫大な水揚げ量を誇っていたが，1929年に戸畑漁港が修築されると，水揚げ量が半減した。こうした事態を背景として，1933年3月22日，県営での下関漁港の修築工事が始まった。1940年7月には岸壁，直送物揚屋などが完成，1942年には修築工事全体は完了した（図1‒6参照）。

　下関の水産業の発展には，「捕鯨」が大きく寄与している（下関市史編纂委員会　1983）。「林兼商店（のちの大洋漁業株式会社）」は，土佐捕鯨株式会社・大塔漁業株式会社を買収し，1921年はじめて沿海州沖の捕鯨に乗り出した。1936年には大洋捕鯨株式会社を創立し，母船日新丸と捕鯨船10隻を建造して捕鯨船団を編成，同年11月神戸港を出港して南氷洋に向かった。日新丸は日本ではじめての国産捕鯨母船であった。翌年4月下関に帰港した。

　近代捕鯨を導入したのは，岡十郎であった。彼は，1899年「日本遠洋漁業株式会社」を創立して，本社を大津郡仙崎（現，長門市）に，出張所を下関市に置いた。その後同社は，数社を合併して「東洋捕鯨株式会社」を設立し，下関市には支社が置かれた。同社は，捕鯨船を20数隻もち，年間1,000頭以上も捕獲した。その後，数社が合併して「本捕鯨株式会社」を設立，南氷洋で捕鯨に成功した。1938年には，「日本水産株式会社」に吸収され，捕鯨部として組み入れられた。

④　市民生活のインフラ整備

　日露戦争以後，山陽鉄道の開通や関釜連絡船，関門連絡船の運航により，下関は，陸海交通の要地として重要な位置を占めるようになっていく。国際貿易，遠洋漁業や捕鯨産業の発展により経済的に充実し，市民生活の向上が図られた。市民生活に不可欠な電燈と瓦斯をみると，電燈は1986年の馬関電燈株式会社の設立を皮切りに，1913年には長府電燈株式会社，1914年には彦島電燈株式会社が創業され，普及していく。瓦斯は，1910年に下関瓦斯株式会社が創業し，1913年には九州の8社，長府の瓦斯会社と合併し西部合同瓦斯株式会社をとなったが，1915年には再び分離して下関瓦斯株式会社となった。また上水道は，1900年には赤間関水道敷設事務所が開設された。1901年3月から工事に着手され，1906年には全工事が完成した。

　また，市内ではじめて乗合自動車が走ったのは，1913年12月で東駅から唐戸間，1920年には長府〜壇ノ浦間であった。その後，小型車が導入され，タクシーも営業を始めるようになった。昭和に入ると，電車も走るようになり，運転区間は，長府松原〜下関壇ノ浦間であった。その後，長州鉄道を買収し，長府と幡生が結ばれ，西細江・竹崎・彦島口と延びていった。交通機関が発達すると，1931年には山陽百貨店が開業した。駅周辺はにぎわい，豊前田にある遊郭も賑わいだ。1933年2月山陰線が全線開通し，唐戸町には，青果市場と魚市場をあわせた市場が開業した。近郊から生産物が集荷され，鮮魚では「フグ」の水揚げがされるようになっていく。

　1922年1月生野村を合併し，市の面積は，約3倍になり，人口は8万1,918

人となった。その後，1933年には彦島町，1937年には長府町と安岡町・川中村，1939年には小月町・王司村・清末村・吉見村・勝山村と合併し，面積は154平方キロ，人口は18万1,971人にまで増加した。

⑤　戦時下の「関門鉄道トンネル」の開通と空襲

　昭和に入り，1931年に満州事変が勃発すると，大陸との往来が頻繁となっていく。とくに陸軍将兵の動きが激しくなり，下関港の警戒が厳しくなっていく。1937年日中戦争が開始され，1941年に太平洋戦争に突入すると，市民生活が統制されるようになる。

　この戦時体制の下で，1942年11月，世界初の海底トンネル「関門鉄道トンネル」が開通した。これに伴い「下関駅」は竹崎町へ移転すると，旧下関駅前はしだいにさびれていき，人の流れは新駅に移っていった。また，トンネル開通により貨車航送船が海峡から姿を消した。国鉄関門連絡船もトンネル開通後は利用客が減り，1964年に10月に廃止されることになる。

　1944年6月16日，関門海峡，北九州にB29が落とされ，はじめて空襲を受けた。その後，B29の来襲は一段と激しくなり，関門海峡を航海する船舶の沈没が相次いだ。1945年6月29日と7月2日には2回の大空襲を受け，市の中心部は灰燼に帰した。大陸交通の花形であった関釜連絡船も大きな被害を受けた。焼野原のなか，下関市民は8月15日の終戦を迎えた。

5　終戦から現代における「下関」―国際文化交流都市として

(1)　戦後復興と都市開発―終戦から1960年代

　1945年9月，下関港が外地からの引き揚げ者の上陸港として指定され，その収容病院として下関陸軍病院が国立下関病院として再発足した。翌月の10月には引き揚げ・復興両事務所が設置されている。「下関市史」によると，「衣食住のすべてにわたる復興から，着手されなければならなかった。そして市民生活に明るさを取り戻すのに，およそ10年を要した」（下関市市史編修委員会編1983：37）とある。戦災復興，市営住宅の建設，学校の増改築などをすすめ，

1949年には下関港が再港し，1952年関門港が「重要港湾」に指定され，4月
1日には港湾局が発足する。また，1954年下関競艇場が開場する。下関の重
要産業である水産業の復興は徐々に回復していたが，1952年に設定された李
ライン（50～60カイリの海岸で海洋資源と地下資源の領有宣言）により漁船
が拿捕される事件が起き，水揚げ量，入港路線ともに激減し深刻な打撃を受け
た。1965年日韓漁業協定が結ばれ，解決をみた。以後，遠洋漁業が大きく成
長し，1966年には，下関漁港の水揚げ高は日本一となる。

　1956年，火の山が瀬戸内海国立公園に編入されたのをきっかけに，火の山
の公園化に着手した。1958年にはロープウェイとユースホステルが完成し，
次に国民宿舎海関荘，同年3月の「関門橋開通」を目前して遊歩道・パーク
ウェイ，展望台などの施設が次々に完成し，多くの観光客で賑わった。1958
年には旧下関水族館もオープンしている。こうして下関は，観光都市としての
一面がつくり出される。その一方，1957年山の田地区で土地区画整理事業が
起工した。これは市と日本住宅公団が協定した事業であり，日本住宅公団の住
宅500戸，公営住宅300戸が建設され，小学校，中学校，公園が設けられてお
り，市内で最大規模の住宅団地の建設が始まった。1962年には川中地区熊野
において市営住宅など1,000戸分の用地を買収し，土地開発事業が進められた。
同年には下関市立大学や市立第一高校が開校される。その結果，市の財政状況
は悪化し，1966年地方財政再建特別措置法準運用団体の指定を受けることに
なる（下関市市史編修委員会編　1983：37）。

(2)　国際化する下関港と関門連携事業の始まり―1970年代から
1990年代

　1972年11月14日，長大吊橋としての「関門橋」が開通した。関門橋の開通
により中国自動車道と九州自動車道は結ばれることになり，本洲から九州へは，
鉄道だけでなく，車や徒歩で行き来できるようになった。また，1980年に九
州への新連絡路としてつくられたのが「山陽新幹線」の開通による新関門鉄道
トンネルである。1975年には「新下関駅」が開業し，1980年には「博多駅」

が開業する。

　では，港湾はどうか。1970年，関釜フェリー株式会社により「関釜航路」が再開された。これは，わが国最初の国際フェリー航路として脚光を浴び，1983年からは2隻が就航し毎日運航となった。1988年3月には「下関国際ターミナル」が完成し，1998年に「はまゆう」，2002年には「星希」と新造船が投入され，関釜航路は強固なものになっていく。また，1980年に始まった中国・青島航路は，1998年からオリエントフェリー株式会社により定期化された。コンテナ航路は，1992年から岬の町コンテナターミナルが整備され，同年11月から韓国・南星海運株式会社による釜山港のサービスが始まり，2003年には長錦商船株式会社による釜山・光陽・馬山サービスが開始された。長府埠頭では，イースタンカーライナー株式会社，1999年東興海運株式会社による北米西海岸定期航路がされ，取扱量が増えている。加えて1998年2月から協和海運株式会社が東豪州航路を開設（9月にはパプア・ニューギニア航路を含めたルートに変更）した。

　このように下関港は，1970年代に入って，韓国・釜山や中国・青島との航路が就航し，国際港湾都市へと変貌を遂げる。一方で，下関市は，1971年にはサントス市（ブラジル），72年にはイスタンブール市（トルコ），76年には釜山市（韓国），1979年には青島市（中国）と，姉妹都市ならびに友好都市提携をする。また，それぞれの都市との交流は，自治体だけではなく，市民団体をはじめとする民間レベルの交流も盛んに行われるようになっている（下関市市史編修委員会編　1983）。なかでも釜山市との交流は，姉妹都市締結以前から高校生の相互訪問，小中学教員職員派遣などの市民レベルでの交流が行われていたが，姉妹都市締結以降はスポーツ交流や経済交流，国際ターミナル完成以降は人的交流が始まった。小中学生の釜山派遣，職員の相互派遣制度などである。また，2004年からは毎年，「馬関まつり」での「朝鮮通信使再現行列」が，釜山文化財団との共催で実施されている。

　下関の商業は，古くは北前航路の寄港地となり，「西の浪速」と称されるほど繁栄していた。明治時代には鉄道の発達により一時落ち込んだが，大陸との

往来が頻繁になってくると，再び活況を呈した。加えて遠洋漁業の基地としての発展を背景に活況を呈した。しかし，戦争に入り，経済統制が敷かれると衰微していった。2回にわたる空爆で市内の多くが瓦礫と化したが，戦火を免れた竹崎・今浦・茶山の「西部商店街」は戦後いち早く不復興を遂げた。引き揚げ者や被災者の露天商が闇市を形成し，物資を求めた多くの市民が押し寄せた。戦後の混乱が過ぎた1956年に「中心商店街促進委員会」が結成され，これを発端に建設計画が進められ，紆余曲折を経て，1977年には，「シーモール下関」が誕生した。これとほぼ時期を同じくして「グリーンモール商店街」が新しく生まれかわり，「サンロード」が営業を開始，先に開店していた「ニチイ下関」とともに下関駅周辺が西部地区の商店街として整備された。「グリーンモール商店街」は，1960年代から5カ年計画で都市改造に着手し，第一段階として，地区内の市有地に住んでいる160戸に対し，市営アパート2棟（96戸，1階は店舗）を建設し移転させた。

　下関市は，1999年に「中心市街地活性化基本計画」を策定した。これは，JR下関駅から唐戸地区にかけてのウォーターフロント地区を区域として，「グリーンモール商店街」と「唐戸商店街」の2カ所を活性化の対象とした。これを受け，商工会議所は，2000年に「中心市街地活性化基本構想」を策定し，そこで「グリーンモール商店街」を「コリアタウン」として整備していく構想を打ち出した。この推進の一環として，「リトル釜山フェスタ」が企画され，以前から開催されていた「下関さかな祭り」と同日に開催される運びとなった。2001年11月23日が第1回で，以降毎年開催されている。

　ところで，下関市は，1980年以降人口減少と高齢化が進み，財政問題をはじめ年々深刻化してきた。関門海峡を挟んで相対する北九州市も同様の問題を抱えていることから問題の共有化をはかり，連携・協力を図ることを目的に両市長の会談が，1987年から始まった。第1回の会議で合意された「関門地域行政連絡会議」は3年後の1990年7月に設置され，両市の各部局の関門連携事業などのとりまとめ，企画を実施し，その成果として，関門海峡ロープウェィや門司港レトロ開発，下関市立しものせき水族間，唐戸市場などの施設連

携，「関門海峡花火大会」の共同実施，1991年には「日本海峡フォーラム」開催の合意と「東アジア都市会議」（東アジア経済連携機構の前身）がスタートし，2001年10月には「関門景観条例」が制定されるなど，新たな政策の立案，実施が取り組まれている。

(3)　新下関市誕生とグローバル化する「海峡峡市」への転換―2000年代以降

　さて，下関市は，2005年2月13日，旧下関市と旧豊浦郡4町（菊川町，豊田町，豊浦町，豊北町）が合併し，新たなスタートを切った。同年10月には中核市に指定される。そうしたなか，2006年1月7日，1942年の関門鉄道トンネルの開通に合わせて建築された三角屋根の旧下関駅が焼失した。「三角屋根の駅舎」として市民から親しまれていた。『下関駅思い出集』には，そんな市民の声が詰まっている（下関市　2007）。

　前述の北九州市との交流・連携の取り組みは，2007年7月に，両市長により「関門連携共同宣言」がなされ，これまで推進してきた連携事業を「関門5連携」と整理し，新たな段階に入った。2019年4月現在，赤ちゃんの駅事業，大学コンソーシアム事業，職員相互交流をはじめ40の事業が展開されるまでにいたっている。その中心に関門海峡があることは言うまでもない。2011（平成23）年11月に「日本海側拠点港」の指定を受けた関門港であるが，関門港の魅力向上を関門連携によって実現する「みなとまちづくり」については，北九州市側では，門司港のレトロ開発が1987年より進められ，観光の拠点となっている。

　一方，下関港は，2000年代に入って，国際航路がぞくぞくと開設される。2005年に開設された上海下関フェリー株式会社による上海航路は，翌2006年9月に蘇州に寄港地が変更されるが週2便へ増便された（2014年8月から社名を蘇州下関フェリーに変更）。2019年現在，下関港は，3航路週11便という日本最大の国際フェリー基地となっている。また，下関港は2019年4月22日，那覇港と共に，港湾法の規定に基づいて「国際旅客船拠点助成港湾」に指定さ

れた。

　また，関門海峡に面した東港地区には，関門海峡に面した東港地区において，その優れた景観と自然を活かしたウォーターフロント再開発事業（アルカポート下関）が計画された。これを受け，1999年（平成9年）には「下関みなとまち開発株式会社」が設立されたものの，リーマンショックによる経済情勢悪化により事業を撤退し，短期的な定期借地権設定の事業展開を余儀なくされていた。ウォーターフロント周辺には，2001年4月に海響館（市立下関水族館），2002年4月には「唐戸市場」が「カモンワーフ」としてオープンし，下関港のウォーターフロントの賑わいの創出に大きな役割を果している。また唐戸桟橋から門司港・巌流島への定期船が運行し，観光客に利用されている。

　そうしたなか，下関市は，2018年度中に「ウォーターフロント開発計画」（アルカポートエリアと岬之町エリアを中心とした計画）をまとめることを公表し，2018年4月1日には「ウォーターフロント開発推進室」を設置した。まずは，官民推進協議会である「アルカポート開発審議会」を立ち上げ，第1回の協議会が同年6月に開催された。審議会では，2018年度の開発スケジュールが提案されると同時に，サウンディング調査の結果に基づく全体コンセプト案（計画案）が提示・承認された。この「計画案」について7月から1カ月間のパブリックコメントを実施した。その結果，10月には公募要項が公表され，事業者の公募手続き・選定がスケジュールにそって進められ，予定どおり2019年3月30日に，下関市アルカポート1番36，37，38におけるホテル事業の優先交渉権者として「株式会社星野リゾート」を決定したのである。同年4月26日は，同社との「基本協定」を締結し，秋以降に事業契約を締結し，2020（令和2）より施設の工事が着工し，2023（令和5）年度には運営開始が予定されている。

　このようにアルカポート開発のホテル事業者との「基本協定」が締結され，いよいよ下関港の開発，まちづくりが着手されることになり，「関門港」のあらたな展開が始まっていく。これは，東アジアに向けたゲートウエイ（玄関口）の構築の一歩になることが期待できる。

【引用・参考文献】

冨成博ほか，1996，『下関　豊浦歴史物語―関門海峡と響灘周辺今むかし―』瀬戸内物産出版部

金賛汀，1988，『関釜連絡船』朝日新聞社

小林茂・中原雅夫，1983，『わが町の歴史　下関』文一総合出版

毎日新聞社下関支局，1977，『めんぐる下関』毎日新聞社下関支局

　　　―，1989，『しものせき市制百年―明治・大正そして昭和史』毎日新聞社下関支局

目で見るふるさと豊田の歴史と文化編纂委員会，1999，『目で見るふるさと豊田の歴史と文化』豊田町教育委員会

難波利光，2017，『地域の持続可能性―下関からの発信―』学文社

古川薫，1993，『関門海峡』新日本教育出版

斉藤哲雄，1995，『下関駅物語』近代文芸社

　　　―，2001，『下関駅百年―戦前の関門・山口の交通』新人物往来社

下関市，2007，『下関駅思い出文集』下関市

　　　―，2010，『下関市都市計画マスタープラン』下関市

下関市教育委員会，1996，『下関の歴史』下関市教育委員会

下関市市史編修委員会編，1983，『下関市史　市制施行―終戦』下関市

　　　―，1989，『下関市史　終戦―現在』下関市

　　　―，2008，『下関市史　原始―中世』下関市

　　　―，2009，『下関市史　藩制―市制施行』下関市

第2章
韓国との交流拠点としての「下関」
―その歴史―

　1905年から1945年にかけて，釜山・下関間に開設された関釜連絡航路によって，戦前には3千万人を超える人々が往来した。戦後，日韓が1965年に国交正常化を果たすと，1970年の関釜フェリー開設に伴って，新たな交流が始まった。戦前から戦後，そして現在にいたるまで，下関は韓国との交流の拠点であり続けている。

　本章の目的は，下関を拠点とする韓国との交流について，その展開を明らかにすることにある。また，本書では，朝鮮半島ならびに済州島出身者とその子孫については，戦前は「朝鮮人」，戦後は「在日韓国人」と「在日朝鮮人」に区分して呼称する。両方を合わせて，「在日コリアン」と呼ぶことにする。

1　下関と朝鮮人

(1)　戦前の下関：上陸の入口

　関釜連絡船は，1905年に山陽鉄道株式会社によって開設され，1945年までの40年間，日本と朝鮮半島をつなぐ役割を果たした。当時，下関は日本本土の終着点に属し，釜山との連結は，大陸につながる一地点とみなされた。韓日併合後，関釜連絡船の利用者は激増した。1910年には14万人を越えた（金賛汀　1988：27）。当時，関釜連絡船を通じて海峡を渡ったのは，両国の貧農であった（金賛汀　1988：28）。国策会社の東洋拓殖株式会社は，九州，四国，中国地方の貧農を移住農民として主に募って，下関港を通じて朝鮮に送り込んだ（金賛汀　1988：28）。一方で，韓日併合後，朝鮮で生活できなくなった農民は，関釜連絡船に乗って日本に渡った。朝鮮の南部地方の出身者が多かった

という。

　その後，1918年から1931年の14年間，下関に降り立った朝鮮人の渡来者は約122万人，帰国者は約95万人，残留者約27万人となっている（下関市市史編修委員会編　1958：699-700）。こうした朝鮮人の往来を可能にしたのは，新しい連絡船が就航したからである。1922年には景福丸，徳寿丸，1923年には昌慶丸が次々と就航した。また1930年には川崎汽船により，朝鮮の全羅南道の麗水港と下関港との航路が開設された。さらに，1939年から1944年にかけて，関釜連絡航路の乗客や貨物は飛躍的に増大していった。朝鮮人渡航者は，1939年から1941年までの間，毎年約30万人を上回り，1943年と1944年の２年間は約80万人に達したのである。

　このように，下関は朝鮮人が日本に上陸する入口であり，かつ朝鮮に帰国するために集まる場であった。関釜連絡船で行き来する人々によって，下関駅前の旅館街，商店街，飲食店は盛況となった。また朝鮮人の中には下関で暮らす人も出てきた。1919年に関釜連絡船下関港桟橋の朝鮮人仲仕150名がストを決行した記録があり，それを通じて，関釜連絡船の荷役現場に多数の朝鮮人が労務者として働いていたことがわかる（前田　1992：41）。また工場地帯の彦島に朝鮮人労務者が働いており，留学生として下関の中学校（豊浦中学校等）や梅光女学院に在学していた（前田　1992：43）。

　しかしながら，当時下関に渡ってきた朝鮮人には，所持金もほとんどなく，上陸後直ちに路頭に迷うものも少なくなかった。こうした朝鮮人を救済するため，「内鮮融和施設」として，1928年５月に公益法人山口県社会事業協会が「昭和館」を大坪町に開設した（下関市市史編修委員会編　1958：698-699）。昭和館の規模は，鉄筋コンクリートおよび木造の158坪で，事業内容は簡易宿泊，職業紹介，授産，教化，保護救済，児童の就学準備教育等となっていた（下関市市史編修委員会編　1958：699）。昭和館の事業実績として，宿泊提供と給食が多いが，下関駅に職員を派遣し，各種相談をも行っていた。終戦とともに，昭和館の事業は消滅したとされる。なお，1946年４月に，旧「昭和館」の建物に「朝連下関小学校」が開校され，民族教育を行う場となっていたという。

(2)　戦後の下関：帰国と対立

　戦後，下関には全国の朝鮮人が帰国するために集まってきた。毎日 1 千人を越える人々が殺到したという。当時，航路が再開されてなかったため，朝鮮半島に渡る手段は，闇船であったという。1945年 8 月28日，GHQ の許可を得て，下関港の代わりに長門市仙崎港が公的な引揚港となった。1945年から1946年にかけて，約33万人の朝鮮人が仙崎港を通じて帰国した。帰らなかった人は残って定住の道を選んだ。当時，下関駅には 1 万人を越える朝鮮人が集住し，帰国者相手の闇市を形成した。この闇市場は「朝鮮市場」とも呼ばれた。朝鮮人は山陽本線の軌道にそって，「トンネ」という集中地域を形成していった。

　朝鮮半島の分断によって，1945年10月に在日本朝鮮人連盟（朝連），1946年10月に在日本朝鮮居留民団（民団）がそれぞれ結成された。山口県では，民団の結成にあたって，朝連側の妨害があり，1948年12月に民団側はひそかに幹部宅で結成式をあげた（山口県警察史編さん委員会　1982：806）。朝連側と民団側の対立は，1949年に「下関騒擾事件」へと展開した。この事件は，「8.20事件」とも呼ばれる。1949年 8 月 1 日に韓国政府は「在外韓国民登録令」を施行し，民団側は同胞に国民登録を宣伝するようになった。これに刺激された朝連側は，同年 8 月15日の朝鮮独立記念日に小野田市で起こった衝突を皮切りに，朝鮮人の集中する大坪町では両者の衝突が増えていった。とくに 8 月20日に起こった衝突によって，民団員の家屋19戸が破壊された。 8 月25日に計208人の朝鮮人が検挙されたほか，朝連側の75人が騒擾罪などで起訴された（山口県警察史編さん委員会　1982：815）。

　このように，1945年から1950年の間は，韓国との往来が閉ざされているなかで，下関の朝連側と民団側が激しく対立した時期であり，在日 1 世には分裂の経験という意味をもっている。

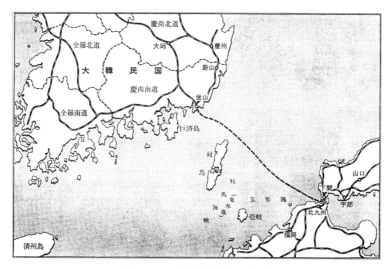

図2-1　関釜連絡船の航路
出典：金賛汀　1988：2より転載

2　下関と「李ライン」

(1)　「李ライン」と抑留船員

　下関市は，戦前から遠洋漁業基地として栄えた水産都市である。戦後，日本の漁業区域へ規制ラインが設定され，下関の遠洋漁業に打撃を与えた。当時，規制ラインとして，1946年の「マッカーサーライン」，1952年の「李承晩ライン」，1952年の「クラークライン」がある。

　このうち，「李承晩ライン」とは，1952年1月18日に韓国の李承晩大統領（在任1948年～1960年）が，朝鮮半島周辺の公海に漁業の主権を行使するという「大韓民国隣接海洋に対する主権に関する大統領宣言」（以下，「李ライン」）を公布したものを指す。「李ライン」は，韓国では「平和ライン」と呼ばれる。韓国は漁業資源の保護のため，「李ライン」を設定し，海岸から60マイル（96.56キロメートル）の付近への日本漁船の立ち入りを禁止した。

　西日本最大の水産基地である下関市は，「李ライン」によって操業海域が制

表 2 - 1　朝鮮人日本渡航者数・朝鮮人帰還者数

（単位：人）

年度	渡航	帰還
1917	14,012	3,927
1918	17,910	9,305
1919	20,968	12,947
1920	27,497	20,947
1921	38,118	25,536
1922	70,462	46,326
1923	97,395	89,745
1924	122,215	75,430
1925	131,273	112,471
1926	91,092	83,709
1927	138,016	93,991
1928	166,286	117,522
1929	153,573	98,275
1930	127,776	141,860
1931	140,179	107,420
1932	149,597	103,452
1933	198,637	113,218
1934	175,301	117,665
1935	112,141	105,946
1936	115,866	113,162
1937	118,912	115,586
1938	161,222	140,789
1939	316,624	195,430
1940	385,822	256,037
1941	368,416	289,838
1942	281,673	268,672
1943	401,059	272,770
1944	403,737	249,888
1945 (1-5)	121,101	131,294

出典：森田芳夫　1996：35より作成

限されるという国際問題に直面した。当時1952年1月26日付の朝日新聞には「李承晩ラインの反響」として、地元水産業者の怒りの声を特集している（下関市市史編修委員会編　1989：253）。具体的には、「底引網協会下関支部」「日東漁業」「山口県サバ巾着網組合」「日魯漁業下関支社」などの下関基地の水産業者たちは猛烈な反対を表明した（下関市市史編修委員会編　1989：254-255）。また、1953年9月15日に下関にて「李ライン排撃市民大会」が開かれ、約3千人がデモ行進をしたという（下関市市史編修委員会編　1989：257）。

　「李ライン」の設定に伴って、韓国による日本漁船のだ捕が激増していき、韓国で抑留された船員も増加するようになった。これらのことが下関に与えた打撃は大きい。抑留船員の家族たちは、国会や政府関係機関に陳情を行い、解決を働きかけた。こうした問題を解決すべく、1952年2月から韓国側と日本側は会談を続けたが、「李ライン」による乗組員の抑留は、1965年6月に「日韓基本条約」と「日韓漁業協定」が締結されるまで続いていた。当時、韓国にだ捕された日本漁船は327隻、抑留された漁船員は3,929人となっている（山口県　2000：785）。山口県からの捕漁船は114隻に達していた。また1957年時点の未帰還者は、山口県の174名と長崎県の420名となっており、この2つの県の被害が多いことがわかる（表2-2）。

　被害の多かった山口県は、抑留体験の記録を『山口県史　史料編　現代2』（2000）に載せている。抑留体験を語ったのは、1955年11月に父親と一緒に対馬沖でだ捕されたY氏である。当時、20歳代のY氏は、言葉の通じないなかで、早く国交が正常化し、釈放され、日本に帰ることを願いながら生活したという。Y氏によれば、抑留生活で一番の楽しみは、家族からの手紙や差し入れであったという。とくに会社からの慰問品には、韓国で売ってお金になるものがあり、それを使って良い食事ができたと当時の抑留生活を語った。Y氏の事例は、国交のないなかで、日本の家族や会社との連絡がなされていたことを示している。国レベルの交渉とは別に、民間レベルの対応がなされていたのである。

(2)　日韓の仲介役としての「在山口県韓国人居留民団」

　下関の水産業界は多くの船員が抑留されたため，抑留船員に身の回り品を差し入れる方法を探っていた。当時の県議会議員で，水産会社の経営者でもあった井川克巳氏は，面識のあった「在山口県韓国人居留民団長」の朴鍾氏に韓国との仲介役を依頼した。すると朴鍾氏は，「平和ライン（李ライン）の問題は，政府間の問題であるが，慰問や日用品などの差し入れの要望は人道上の問題であるので最善の尽力をする」と仲介役を引き受けた[1]。朴鍾氏の尽力によって，1953年11月に釜山港へ「差し入れ船」の第1船（第22幡州丸）が下関港を出港し，抑留船員への文通や衣類，日用品を送ることができた。これによって，下関の水産界の人々は，被害者の救済対策を日本政府に陳情し，事故処理に専念できたのである。

　ここで注目すべきは，抑留船員の連絡や釈放で連携した井川氏[2]と朴鍾氏[3]の二人が，1970年に関釜フェリーの就航並びに1976年の釜山との友好都市締結に協力するなど，その後の日韓親善を発展させていく中心的な人物となっていくことだ。下関市の民団と日本人の水産関係者の間での協力関係の深まりは，1961年11月に「山口県日韓親善協会」という民間団体の設立にいたったのである。

表2-2　韓国抑留船員未帰還者調査（1957年3月5日現在）

県別	所属船隻数	未帰還者数
山口県	15隻 （内1隻沈没）	174名 （内1名死亡）
福岡県	16隻	200名
鹿児島県	2隻	43名
島根県	5隻	52名
長崎県	29隻	420名
愛媛県	2隻	52名
兵庫県	1隻	2名
合計	70隻 （内1隻沈没）	943名 （内1名死亡）

出典：下関市市史編修委員会編　1989：268

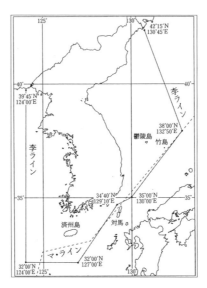

図2－2　李ライン（平和ライン）
出典：山口県　2000：787

(3)　交流の拠点として「駐下関韓国総領事館」

　ところで，1965年6月22日の国交正常化を控え，下関に韓国総領事館を誘致する動きが出始めた。すでに福岡市を「総領事館」とし，下関を「領事館事務室」とする内案が伝えられ，下関市と山口県は大あわてであった（山口県2017：665）。

　こうした状況をうけ，民団山口団長の朴鍾氏は，韓国政府から派遣された「東京代表部」に陳情に出向いた。朴鍾氏は，①関釜連絡船の歴史的実績，②韓国魚類などの輸入実績，③領事業務の「中国・九州・四国」の管轄として下関が有利であること，④下関市に税関や入管事務所のほか，旅客や輸入魚について関釜航路の体制ができていることを理由としてあげ，下関領事館の必要性を訴えたという（山口県　2017：665）。また，領事館誘致に福岡に立ち遅れた山口県も，貿易センターの一部を総領事館の仮事務所とすることを提案した。つまり，下関市ならびに商工会議所，関係諸団体，山口県日韓親善協会を含め，全市あげて韓国総領事館の下関誘致に力を入れたのである。

その結果，1966年 5 月に「駐下関韓国領事館」が設置される運びとなった。「駐下関韓国領事館」の開設に伴って，下関市が韓国からの領事を迎え，国レベルにおいても日韓交流の拠点という特性を強めた1970年代から1980年代にかけて，下関市の在日コリアン人口は 5 千人台を維持しており，1980年 5 月に「駐下関韓国領事館」は総領事館に昇格した。「山口県日韓親善協会」の広報誌『ふれあい』（1983年創刊）には韓国総領事の「あいさつ」が載っており，国から民間にいたるまで日韓交流が進展していた様子が窺える。

　1990年代に入って，下関市の在日コリアン人口が顕著に減少すると，韓国政府は1996年12月に「駐下関韓国総領事館」の広島移転を決定した。韓国政府は，駐下関韓国総領事館の代わりに，下関市に「駐下関大韓民国名誉総領事館」を設置した。駐下関大韓民国名誉総領事は，山口県と下関市が名士を推薦し，韓国が審査して任命するものである。名誉総領事には元下関市長の井川克巳氏，サンテツ交通社長の林孝介氏が務め，2014年からは西中国信用金庫会長である山本徹氏が就いている。

　このように，「駐下関韓国領事館」が存在した1966年から1996年までの30年間は，下関の日韓交流が最も活発な時期であった。それを可能にしたのが，民団山口と「山口県日韓親善協会連合会」という民間レベルの連携であったことはいうまでもない。

3　日韓親善団体と民間の交流

(1)　「山口県日韓親善協会連合会」の日韓交流事業

　1961年12月に「山口県日韓親善協会」という日韓交流団体が下関市を拠点に設立された。設立メンバーは韓国に関心をもつ有志と在県韓国人居留民団の有志からなる。「山口県日韓親善協会」は，1961年 6 月に設立の「長崎県日韓親善協会」に次いで設立された民間団体であり，日韓親善の先駆けに位置付けられる。

　1983年に創刊した広報誌『ふれあい』には，第 3 代会長で，かつ下関市長

である井川克巳氏と民団中央本部顧問の朴鍾氏の「あいさつ」が載っている。
2人は1952年の「李ライン」時に日本人船員の釈放で連携しており，こうした人的関係をベースにして，山口県日韓親善協会が立ち上げられた点はきわめて印象的である。

「山口県日韓親善協会」の事業は，① 韓国人無縁仏の母国国立墓地である「望郷の丘」（忠清南道・天安市郊外）への移送，② 韓国古代文化展への参加者募集，③ 広報誌『ふれあい』の発行（1983年創刊）とされた。このなかでとくに「韓国人無縁仏」事業は，1983年から3年計画で民団山口と連携しながら，「山口県韓国人無縁仏母国安葬推進委員会」が無縁仏調査を進めるものであった。その成果として，山口県内から340柱の無縁仏を探し出し，1984年から1986年にかけて韓国「望郷の丘」に建立した「山口県韓国人無縁仏の墓」への埋葬が実現している[4]。

つぎに山口県日韓親善協会は，山口県内の高校生の韓国修学旅行の斡旋，観光・特産展等の経済交流事業の協力，そして在日コリアンの生活権拡充運動の支援等，韓国との交流ならびに在日コリアンとの連携を展開した（民団五十年史編纂委員会　1997：657）。さらに，1982年11月には「山口県日韓親善協会」と「釜山直轄市韓日親善協会」と姉妹協定を結んでいる。調印式に参加した釜山市からの訪日団には財閥級の有力者が含まれることからわかるように，釜山との経済交流の意味をもつ協定であった。

1976年に，47都道府県に結成されていた日韓親善協会の連携の必要から，全国組織としての中央会が発足した。こうした流れのなかで，「山口県日韓親善協会」は「山口県日韓親善協会連合会」に改称し，傘下に地区協会がおかれるようになった。2019年現在，地区協会は9つの地区（周南，光，宇部市，山口市，山陽小野田市，柳井，岩国，萩，下関）におかれている。活動としては，韓国語講座や弁論大会の開催，韓国親善旅行，文化講座，ホームステイ等がある。

2000年には，日韓友好の雰囲気のなか，「山口県日韓親善協会連合会」は，下関市に「朝鮮通信使」の記念碑を建立する事業を打ち出した。記念碑建立の

ために「期成会実行委員会」を立ち上げ，基金を募って事業を進めた。2001年8月25日に朝鮮通信使が下関に上陸した阿弥陀寺公園に「朝鮮通信使上陸之地」記念碑の落成式が行われたのである。

2019年現在，「山口県日韓親善協会連合会」の会長は山口県議会議員である。新たな交流事業として，慶尚南道の昌信大学への韓国文化短期研修を実施しているという。なお，この交流事業には，2008年から2017年までの10年間で348名が参加している。

1961年に設立された「山口県日韓親善協会連合会」は，1970年代の「日韓親善協会の組織強化」，1980年代の「韓国人無縁仏埋葬事業」，2000年代初の「朝鮮通信使上陸之地記念碑事業」，2010年代の「韓国交流事業」，2019年現在にいたるまでの58年間，実に多岐にわたる事業を行っている。これらの事業が58年ものあいだ持続したのは，そのベースに下関の日本人と在日コリアンの密接な連携が地域社会のレベルで形成されているからにほかならない。その核となる団体が下関広域日韓親善協会である。

(2)　下関広域日韓親善協会

下関広域日韓親善協会は，山口県日韓親善協会連合会の11番目の地区協会である。「下関広域」とは，旧豊浦郡4町の地域を含める意味で用いられている。2002年，初代会長に県会議員の石崎幸亮氏が就任し，文化・経済交流事業を推進している。

広報紙『ふれあい』をもとに，2003年から2018年までの交流活動を概観すると，① 釜山市韓日親善協会との交流，② リトル釜山フェスタへの出店，③ ハングル教室の開催，④ 文化講座の開催，⑤ 韓国料理教室の開催，⑥ 韓国カラオケ教室，⑦ 朝鮮通信使再現行列への参加，⑧ 韓国語弁論大会の開催，⑨ 日韓小中学生絵画・書道文化交流展の開催など，多岐にわたっていることがわかる。

2018年現在，下関広域日韓親善協会の会長は市会議員を長らく務めた友松弘幸氏である。友松氏は1995年から10年間，慶尚南道光陽市の小学校と長府

小学校とのスポーツ交流を推進した実績がある。友松氏は「朝鮮通信使記念碑」の建立時に韓国に石を買いに行った経験をもつ。

　2014年に友松氏が会長に就いてから，2019年で5年が経つ。下関広域日韓親善協会の会長は，民団山口や民団下関支部，山口韓国青年商工会と密に連携している。また，会議として理事会（年3回）と総会（年1回）を開催している。2018年の定期総会には，駐広島大韓民国総領事，釜山韓日親善協会会長，下関市長，駐下関大韓民国名誉総領事などが出席した。このことからも，広域親善協会が下関市において日韓交流の中心的な役割を果たしていることが窺える。2016年の下関市・釜山市姉妹都市40周年記念式典は釜山市で開かれた。友松氏は会員20名とともに参加し，釜山韓日親善協会とも交流を深めている。

　このほか同協会は，2001年から下関市にある東亜大学・東アジア文化研究所との共催で，2019年8回目の「韓国文化論講座」を開催し，終了時には韓国研修旅行も行っている。2018年は30名が参加し，11月には軍事境界線への視察旅行を行った。そのほか，①「リトル釜山フェスタ」への出展，②馬関まつりにおける朝鮮通信使再現行列への参加，③釜山などへの韓国訪問があげられる。なお，下関市や山口県の主催する交流事業への協力，下関市立大学での韓国語弁論大会の後援も行っている。

(3)　下関市日韓親善協会

　下関市日韓親善協会は，2002年に設立の民間組織である。設立時の会員数は30名，2018年時点での会員は22名である。会員は下関在住の日本人となっている。元会長のH氏（70歳代の男性・自営業）が日韓交流に関心をもった理由は，1995年頃に下関商工会議所に入会し，知り合いから韓国との交流を進められたからである。

　H氏は，日韓親善交流として，まず「ふれあい韓国語講座」開催をあげている。1996年に始まった「ふれあい韓国語講座」は，2018年で24回目を迎えている。H氏によれば，近年，国際結婚の増加や観光客対応など，生活の必要

性から韓国語を学ぶ人が増えたという。つぎに，H氏は韓国から舞踊団を招致し，下関市「海峡まつり」にでて韓国舞踊を披露したことをあげている。また2003年に，韓国の「慶尚南道韓日親善協会・青年委員会」と姉妹縁組の協定を締結した。2017年度には，韓国研修旅行ならびに朝鮮通信使行列への参加といった活動が行われている。

　下関市日韓親善協会の特徴は，下関市の「海峡まつり」や「馬関まつり」などの地域イベントに韓国から舞踊団を招き，伝統舞踊を披露してきた点だ。馬関まつりには馬山国楽芸術団（2002年），サムルノリ芸術団（2005年）が参加

表2-3　日韓親善団体の概況

組織名	山口県日韓親善協会連合会	下関広域日韓親善協会	下関市日韓親善協会
成立年	1961年	2002年	2002年
地域範囲	山口県	下関市	下関市
会長属性	60歳代の男性（県議会議員）	70歳代の男性（元市議会議員）	70歳代の男性（自営業）
年会費	個人会員5千円，法人団体会員1万円，賛助会員3万円	特別会員2万円，理事5千円，会員3千円	1万円
会員数	約1千名（2016年時点）	53名（2018年時点）	22名（2018年時点）
役員数・属性	36名（企業経営者，民団役員）	31名（民団役員，地域住民）	約10名
在日コリアン会員の有無	あり	あり	なし
活動	慶尚南道・昌信大学への言語文化体験短期研修実施	韓国文化論講座の実施，リトル釜山フェスタにチマチョゴリ撮影ブース出展，朝鮮通信使行列再現参加	韓国語講座の実施リトル釜山フェスタ出店朝鮮通信使行列再現参加
韓国交流	釜山韓日親善協会，慶尚南道韓日協会	釜山韓日親善協会	慶尚南道韓日親善協会・青年委員会
組織特徴	日韓親善協会中央会・9地区組織	民団山口，民団下関支部，山口韓国青年商工会総会に参加	

出典：「山口県日韓親善協会連合会」の広報誌『ふれあい』1983年から2018年までに発刊されたものと筆者の聞き取り調査をもとに作成

した。2012年には「馬関まつり」の朝鮮通信使再現行列にボランティアとして参加したほか，「リトル釜山フェスタ」にも出店してしている。一連の活動の展開について，H氏は「まずは民間が日韓交流を始めて，その後に行政交流へと代わっていった」と語った。

　このような日韓交流を軸に活動する民間団体が下関市の地域資源であることは間違いない。

4　下関港と経済交流

(1)　下関港における対韓国貿易

　下関港は，韓国に最も近い海上運送の要地である。1970年に就航された関釜フェリーは，1983年から週7便の運航となり，また釜山と馬山から週3回のRORO船（高速船）とコンテナ船が運航されている。

表2-4　下関港の対韓国貿易額

（単位：百万円）

貿易	1990年	2000年	2010年	2018年	1990年～2018年の伸び率
輸出	107,053	251,178	402,882	407,287	280%
輸入	278,525	213,339	84,903	120,212	-57%
差引額	-171,472	37,839	317,979	287,075	―

出典：1990年・2000年・2010年は「税関別国別総額表」（下関港湾局資料）
　　　2018年は下関税関支署発表による「下関港貿易概況（確定値）平成30年分」平成31
　　　（2019）年3月27日（下関港湾局資料）より作成

　下関港と韓国との貿易額の推移をみると，輸出は1990年の1,070億円，2000年の2,511億円，2010年の4,028億円，2018年の4,072億円へと増加し，1990年から2018年までの伸び率は280％を示している。一方の輸入額は，1990年の2,785億円，2000年の2,133億円，2010年の849億円，2018年の1,202億円へと減少傾向にあり，1990年から2018年までの伸び率は－57％となっている。対韓国貿易収支は2000年より黒字に転じていることがわかる。

　2018年現在，下関港における輸出総額の構成比は，韓国61.5％，中国26.3％となっており，輸出額の87.8％を韓国と中国が占めている。一方の輸入総額においても，韓国48.8％，中国38.6％，全体の87.4％を韓国と中国が占めている。

　下関港における韓国との貨物量をみると，輸出49.8％，輸入74.4％となっている（図2-3）。韓国との品物別貨物量の9割は，「農水産物」「金属機械工業品」の2つが占めている（表2-5）。まず「農水産物」のほとんどは，韓国からの輸入であり，その内訳はパプリカやピーマン，あさり等である。韓国からの生鮮品は下関港を経て，関東や関西へ運送されている。フェリー貨物は，主に活魚車で韓国に輸出入している。日本の活魚車は，そのまま韓国の道を走行することができるという。

　次に「金属機械工業品」において，韓国への輸出は完成自動車（45.0％）ならびに産業機械（34.6％）が8割を占めている。輸出される産業機械は，主に半導体製造装置だ。一方で韓国からの輸入は，完成自動車（54.3％）と産業機械（30.4％）となっている。完成自動車として，韓国からバスを輸入している。

　下関港での貿易における対韓国貿易は，全体に占める割合が大きく，値段の高い貨物が集まっている点が特徴である。また，本州と九州の結節点に位置し，双方への物流ネットワークが構築されていることからも，国土交通省は下関港を「韓国・中国への高速・高品質輸送拠点」と位置づけている。これに関連して，下関と釜山が高速船シームレス物流を行ってきたことは注目すべきだ。日韓間の高速船のシームレス化は活魚，半導体製造装置，自動車部品の3つについて行われている。自動車部品については，日産九州が2012年に，釜山から九州・下関への国際シームレス物流を実現し，韓国内で製造された部品の輸入を開始した。これを可能にしたのが，日産九州による特別コンテナやIT共通化によるSCM（Supply Chain Management）の構築だった。2012年7月の「日中韓物流大臣会合」で下関港でのダブルナンバー制の実施が協定された。2013年3月に下関港では日韓ダブルナンバー制（両国のナンバープレートを車両に取り付け，両国を走行する）によるシームレス物流が始まった[5]。また

表2-5　下関湾における韓国との品物別貨物量（2018年）

（単位：トン）

数	合計 1,299隻			韓国航路 451隻		
	計	輸出	輸入	計	輸出	輸入
計	3,294,511	1,728,415	1,566,097	1,678,724	814,607	864,117
(1) 農水産品	180,723	22,519	158,204	144,527	11,988	132,539
野　菜　・　果　物	68,188	181	68,007	63,748	21	63,727
そ　の　他　農　産　品	5,879	115	5,764	5,879	115	5,764
そ　の　他　畜　産　品	439	0	439	439	0	439
水　　　産　　　品	106,217	22,223	83,994	74,461	11,852	62,609
(2) 林産品	467	40	427	467	40	427
製　　　　　　　材	187	0	187	187	0	187
樹　　脂　　類	280	40	240	280	40	240
(3) 鉱産品	166,256	33	166,223	73	33	40
鉄　　鉱　　石	9	9	0	9	9	0
石　　　　　材	404	24	380	64	24	40
(4) 金属機械工業品	1,779,721	969,546	810,175	1,419,159	769,562	649,597
鋼　　　　　　　材	4,790	3,391	1,399	25	0	25
非　鉄　金　属	4,937	0	4,937	593	0	593
金　属　製　品	17,123	11,681	5,442	362	0	362
完　成　自　動　車	751,410	398,370	353,040	699,660	346,620	353,040
そ　の　他　輸　送　機　械	272,614	116,222	156,392	134,360	82,060	52,300
産　業　機　械	467,115	268,871	198,244	464,624	266,584	198,040
電　気　機　械	112,693	82,657	30,036	12,577	7,105	5,472
測量・光学・医療用機械	106,952	67,187	39,765	106,952	67,187	39,765
(5) 化学工業品	912,752	590,465	322,287	16,801	14,996	1,805
セ　メ　ン　ト	40	0	40	40	0	40
ガ　ラ　ス　類	2	0	2	2	0	2
窯　　業　　品	823	757	66	823	757	66
石　油　製　品	855,254	573,288	281,966	31	0	31
化　学　薬　品	686	142	544	685	141	544
染料・塗料・合成樹脂・その他化学工業品	17,512	16,278	1,234	15,220	14,098	1,122
(6) 軽工業品	22,034	7,249	14,785	22,009	7,244	14,765
糸及び紡績半製品	1,796	0	1,796	1,796	0	1,796
そ　の　他　繊　維　工　業　品	8,520	2,944	5,576	8,520	2,944	5,576
砂　　　　　　　糖	18	0	18	18	0	18
製　造　食　品	11,695	4,300	7,395	11,675	4,300	7,375
(7) 雑工業品	210,163	130,371	79,792	64,486	10,028	54,458
衣服・身廻品・はきもの	65,703	82	65,621	50,171	82	50,089
家　具　装　備　品	14,128	9,946	4,182	14,128	9,946	4,182
そ　の　他　日　用　品	12,093	2,280	9,813	11	0	11
木　　　製　　　品	166	0	166	166	0	166
そ　の　他　製　造　工　業　品	10	0	10	10	0	10
(8) 特殊品	22,012	7,835	14,177	10,818	359	10,459
動植物性製造飼肥料	354	354	0	354	354	0
輸　送　用　容　器	5,430	3	5,427	5,412	3	5,409
取　合　せ　品	16,228	7,478	8,750	5,052	2	5,050
(9) 分類不能のもの	384	357	27	384	357	27
分　類　不　能　の　も　の	384	357	27	384	357	27

出典：平成30年（2018年）『下関港統計年報』より作成
（下関市港湾局：http：//www.shimonoseki-port.com/　2019年12月6日閲覧）

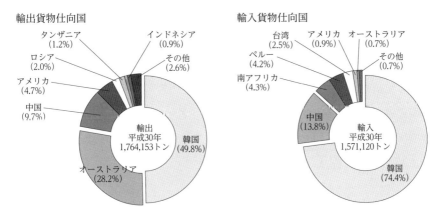

輸出貨物仕向国

タンザニア
(1.2%)
ロシア
(2.0%)
アメリカ
(4.7%)
中国
(9.7%)
インドネシア
(0.9%)
その他
(2.6%)
輸出
平成30年
1,764,153トン
韓国
(49.8%)
オーストラリア
(28.2%)

輸入貨物仕向国

台湾
(2.5%)
ペルー
(4.2%)
南アフリカ
(4.3%)
アメリカ
(0.9%)
オーストラリア
(0.7%)
その他
(0.7%)
中国
(13.8%)
輸入
平成30年
1,571,120トン
韓国
(74.4%)

図 2 - 3　下関湾における輸出貨物仕向国・輸入貨物仕向国（2018年）
出典：平和30年（2018年）『下関港統計年報』
（下関市港湾局：http://www.shimonoseki-port.com/　2019年12月 6 日閲覧）

下関港は韓国産野菜や切り花の輸入量が日本一で，高速船によるコスト削減効果は他を圧倒している。下関港は日韓の産業経済圏における主要な物流ルートなのである。

(2)　「ポッタリチャンサ」と経済交流

　下関市と釜山市の交流は，1970年の関釜フェリーの就航を契機に本格化する。ここで注目すべきは，「ポッタリチャンサ」と呼ばれる行商人が新たな経済交流の担い手として台頭したことである。韓国語で「ポッタリ」は風呂敷，「チャンサ」は商売をそれぞれ意味する。したがってポッタリチャンサとは，主に中年以上の女性の副業として行われていた，「下関・釜山双方で商品を仕入れ，それをそれぞれの地に持ち込んでうる商売」を指す語であった（島村2000：18）。

　ポッタリたちが最も活躍した時期は，1970年代から1980年代であった。ポッタリたちが韓国に持ち込むのは，主に腕時計や電卓，炊飯器などの家電など高価なものである。この時期には，下関の在日コリアンもポッタリとして行き来したという。そして1990年代に入ると，下関駅近くの「グリーンモール

商店街」の家電販売店は，１日に１千台のポータブルオーディオプレーヤー
を売ったこともあると語る。この店主によれば，「朝，開店する時に店先に
ポッタリチャンサが並んでいた」とのことだ（2017.12.22）。

　その後，1997年の韓国通貨危機を境に，ポッタリチャンサの経済交流は弱
化していった。下関で生まれ育った在日コリアン２世は，「昔は在日が電卓や
腕時計などを釜山に売って儲かる商売であったが，いまは釜山の人が主に食料
品を扱っているので，そんなに儲からない」とポッタリの変化を語った
（2019.8.27）。

　2000年代になると，韓国ドラマ『冬のソナタ』放映等の第一次韓流ブーム
を追い風に，韓国食材品や衣類への需要が高まった。下関で「ポッタリチャン
サの大手」と言われるＹ氏（70歳代の女性）によれば，韓国産の青唐辛子や韓
国瓜等も日本で売れるようになったという（2019.3.27）。Ｙ氏は，44歳から
ポッタリを開始してから30年間，釜山の富平カンカン市場と下関の長門市場
を拠点とし，関釜フェリーで行き来している生活を送っている[6]。Ｙ氏は，「今
は韓国のものを日本で売った方が商売になるし，大阪や東京に物を送るように
なった」と近年の変化を語った。2019年現在，Ｙ氏は，日本の大学を卒業し
た息子のＫ氏（30歳代の男性）と一緒にポッタリを続けている。Ｋ氏によれば，
「日本にもってくる物流は旅行カバンより，むしろコンテナを利用しており，

写真２－１　下関国際ターミナルのポッタリチャンサの荷物
（2019年３月撮影）

その手続きをやっている」という（2019.3.27）。Y 氏のポッタリチャンサは，家族経営の形態をとりながら，東京へとネットワークが広がっている。

　以上により，下関のポッタリチャンサの近年の特徴は，大阪や東京に物流を運ぶことができる点にあり，韓国から本州への最短距離に立地する下関港の存在は，ポッタリチャンサの経済交流を持続させる要因となっている。

5　おわりに―経済交流と人的交流の増大

　下関市は，戦前から戦後，現在にいたるまで，「日韓の玄関口」として，多方面の交流の拠点であり続けている。

　第 1 に，戦前から戦後にかけて，下関市は朝鮮半島からの上陸港であり，帰国の場であった。下関には，朝鮮人労働者の集積はみられず，帰国を諦めた朝鮮人が残って定住した。

　第 2 に，1952年の「李ライン」の際，韓国に抑留された日本人船員への連絡や釈放に，在日コリアンがパイプ役として交渉を行った。この時の在日コリアンと日本人の連携関係は，日韓親善団体の設立をもたらし，民間交流を拡大させた。

　第 3 に，「駐下関韓国総領事館」が存在した1966年から1996年までの30年間は，下関が国レベルの交流の拠点となり，日韓交流が最も活発な時期であった。

　第 4 に，1990年代以降，下関港と韓国との物流は年々増加し，経済交流の拠点という性格をより強めている。韓国と本州との最短距離に位置する下関港では，自動車部品の国際シームレス物流が進展しているのである。その一方で，下関港を拠点とするポッタリチャンサも存続している。

　このように，交流の拠点としての下関は，長年の交流関係を活かし，民間交流と国レベルの交流から，日韓の物流拠点へと経済交流を強めている。現在においても，下関港が韓国との人的交流の拠点であることに注目すべきだ。下関港への出入国者の多くが韓国人であることは，表 2 - 6 で確かめられる。

表2-6　関門（下関港）の出入国者

年	総数	入　国　者					出　国　者				
		計	日本人	外　国　人		協定該当者	計	日本人	外　国　人		協定該当者
				総数	韓国人				総数	韓国人	
2006年	207,850	102,995	16,013	86,978	83,330	4	104,855	17,264	87,586	83,945	5
2010年	252,022	125,022	16,719	108,295	103,116	8	127,000	17,563	109,430	102,748	7
2015年	183,949	92,017	9,455	82,562	78,245	-	91,932	9,597	78,552	82,335	-
2018年	178,039	90,003	11,211	78,791	77,842	1	88,036	10,592	77,443	76,816	1

出典：法務省『出入国管理統計』より作成

2006年に下関港の出入国者総数は20万7,850人で，そのうち韓国人は16万7,275人であり，韓国人が出入国者に占める比率は80.4％であった。2018年になると，韓国人出入国者は全体で15万4,658人となり，絶対数は減ったものの，下関港の出入国者総数の86.8％を占めている。このことから，下関港を通じて出入国するのは，主に韓国人であり，2000年以降，観光や日本食を目的とする韓国人の往来が増え，日常的な交流圏が形成されていることを意味する。

　今後，韓国との交流拠点に特化した下関は，日韓連携をベースとする東アジアへの広域経済協力圏を実現しつつ，韓国との日常生活の交流をも深めていくことを期待させる。

《注》
(1)　「山口県日韓親善協会連合会」の広報誌『ふれあい1991記念特集号』13ページから引用した。
(2)　井川克巳（1917〜2001）は島根県出身，振洋漁業社長，県議会議員を経て下関市長を1967年から3期を務めた。1970年には関釜間に初の国際フェリーを実現するほか，1976年には釜山市と姉妹都市縁組，日韓親善・友好交流の基礎を築いた。のちに駐下関韓国名誉総領事に就いた。
(3)　朴鍾（1924〜2010）は，韓国京畿道龍仁郡で生まれ，戦前に来日し，日本軍に徴用され，中国の収容所で敗戦を迎えた。実業界に進出する一方，李ラインでだ捕された日本人船員の釈放に務めた。民団の県本部団長，中央本部常任顧問等も務めた。また1970年の関釜フェリーの就航に尽力した後，1976年には韓国側の釜関フェリーの代理理事に就任した。1976年に下関市国際親善名誉市民となる。ここで示した朴鍾氏の業績は，「山口県日韓親善協会連合会」の広報誌『ふれあい2000新年号』30ページより引用した。

⑷　「山口県日韓親善協会連合会」の広報誌『ふれあい1987新春号』16ページより引用した。
⑸　2014年 8 月の「日中韓物流大臣会合」で博多港も韓国のダブルナンバー車が利用できるようになった。
⑹　Y氏と息子のK氏とのインタビューは，在日大韓基督教下関教会で知り合った韓国人の紹介で実施することができた。調査日程は，2019年 3 月27日，場所は下関港国際ターミナルである。Y氏によれば，以前インタビューした内容は，「釜関フェリーポッタリチャンサの空気を読む作戦」というタイトルで「釜山郷土文化百科事典」（BUSAN. GRANDCULTURE. NET）に載っているという。このサイトは，釜山広域市と韓国学中央研究院が研究協約を提携して構築したものである。

【引用・参考文献】

金賛汀，1988，『関釜連絡船　海峡を渡った朝鮮人』朝日選書354　朝日新聞社

金光烈，2003，『朝鮮人炭鉱労働の記録　足で見た筑豊』明石書店

木村健二，2017，『一九三九年の在日朝鮮人観』ゆまに書房

在日本大韓民国民団，1997，『民団五十年史』

――，2017，『民団70年史』

島村恭則，2000，「境界都市の民俗誌―下関の〈在日コリアン〉たち」『歴博』国立民俗歴史博物館103：16-19

――，2002，「在日朝鮮半島系住民の生業と環境―ポッタリチャンサ（担ぎ屋）の事例をめぐって」『民具マンスリー』神奈川大学日本常民文化研究所35-1

――，2010，『〈生きる方法〉の民族誌―朝鮮系住民集住地域の民俗学的研究』関西学院大学出版会

――，2012，「境界都市の民俗学―下関の朝鮮半島系住民たち」篠原徹編『現代民俗学地平 1　越境』朝倉書店9-36

下関市市史編修委員会編，1958，『下関市史　市制施行以後』下関市

――，1964，『下関市史　藩政―明治前期』下関市

――，1989，『下関市史　終戦―現在』下関市

住田紘，2003，『下関港の韓国貿易研究』ナカニシヤ出版

藤原利久・江本伸哉，2013，『シームレス物流が切り開く東アジア新時代―九州・山口の新成長戦略』西日本新聞社

毎日新聞下関支局編，1989，『しものせき市制百年―明治・大正そして昭和史』毎日新聞下関支局

前田博司，1992，『波乱の半世紀を探る―下関をめぐる国際交流の歴史』長周新聞社

宮司高，2002，「5 グローバル化と地域経済―関門地域・韓国間における貿易と経済交流」『関門地域共同研究報告書』12：53-68

――，2003，「下関港における韓国貿易の実態と展望―機械製品の貿易構造を中心として」『関門地域研究』47-59

森田芳夫，1996，『数字が語る在日韓国・朝鮮人の歴史』明石書店

山口県，1998，『山口県史　史料編　現代 1』

――，2000，『山口県史　史料編　現代 2』

――，2014，『山口県史　史料編　現代 4』

――，2017，『山口県史　史料編　現代 5』

山口県警察史編さん委員会, 1982, 『山口県警察史　下巻』山口県警察本部

和田清美・魯ゼウォン, 2019, 「地方中核市の地域活性化—山口県下関市の事例研究③—」
　　『人文学報』首都大学東京人文科学研究科, 515-1：1-32

第3章
下関市と「北九州市」
─関門海峡都市生活圏の歴史と現在─

1　関門海峡都市生活圏の歴史と現在

(1)　関門海峡都市生活圏の形成

　下関市と北九州市は，関門海峡を挟んで対岸に位置し，最も幅が狭い早鞆瀬戸においては650メートルに距離で向かい合っている。この両都市は，1917年の関門鉄道トンネルの開通まで，本洲と九州にわたる唯一の交通手段であった海路の玄関口として発展し，長い時間の経過の中で，独自の経済的・社会的共存関係を築いてきた。作家・古川薫氏は，「関門海峡」を，歴史を運ぶ運河として位置づけ，その未来の姿を「関門海峡生存圏」とした（古川薫　1993）。

　中世室町時代の大内氏は，海賊の取り締まりに有効な海の要衝である赤間関（下関）を，対岸の門司・小倉と一体のものとして支配していたことを，1487年4月20日の「赤間関小倉門司赤坂渡賃事」『大内家掟書』の壁書に見てとることができる（下関市市史編修委員会編　2008：548）。また，近世に入ると，毛利氏の支配下にあった赤間関（下関）は，西回り航路（北前船）の中継交易地として栄え，「西の浪速」と言われるまでに発展した。赤間関（下関）は，瀬戸内海航路，西海（九州）航路，そして西回り航路といった主要航路が交差する港でもあった（下関市市史編修委員会編　2009）。それゆえ，日本海沿岸地域，九州地域，上方及び瀬戸内海沿岸地域の物資だけでなく，人の往来も活発になっていた。そのため，対岸の門司は小倉藩に属していたものの，海峡を挟んで小倉と下関は一つの共存関係を結んでいた。幕末の勤王商人と言われた廻船問屋・白石正一郎の屋号は「小倉屋」であるが，7代前の作兵衛が小倉か

ら移ってきたことによっているという（小林・中原　1983：153）。また下関と
小倉での婚姻関係の例も少なくなかったという（古川　1993：143）。

　明治に入り，1901年には京都・赤間関間の山陽鉄道（本線）が全線開通し
たのに伴い「関門連絡船」が開通する。それまで赤間関を基点として門司—徳
山間を山陽汽船商社が運航していたが，鉄道開通とともに閉鎖され，赤間関—
門司航路のみが鉄道連絡船として存続し，1906年には国有鉄道の直営となっ
た。山陽本線の終着駅である下関から関門連絡船で九州に渡った。一方，対岸
の門司には，1891年鹿児島本線の起点となる門司港駅ができ，山陽本線の下
関駅と相互に乗り継ぐ人も多く，1日1往復だった関門連絡船が増発される。
門司港は欧州航路の寄港地，中国・東南アジアと日本を結ぶ航路の基地として
発展したのである。また，下関は関釜連絡船の基地となり，1904年から毎日
1回の定期便が出た。1889年，赤間関市（1902年下関市に改称）が市制施行
され（下関市市史編修委員会編　1983），10年後の1899年に門司市が市制施行
された。これに続いて小倉市1900年，若松市1914年，八幡市1917年，戸畑
市1924年と順次市制施行される。以降，この福岡県内5市と下関市の6市合
併の議論が昭和初期まで度々上がっている（森博　2008）。なお，この福岡県
内5市は，1963年に合併し，「北九州市」が誕生する。一方の下関市は，
2005年2月13日，旧下関市と旧豊浦郡4町（菊川町，豊田町，豊浦町，豊北
町）が合併した。

(2)　関門海峡都市生活圏の変化

　先述のとおり，1917年の関門鉄道トンネルが開通し，九州へとわたる交通
体系は，1958年の国道トンネルの開通，1973年の関門橋，さらに1975年の
新幹線の博多までの延伸開通により，「陸」の時代へと移っていった。下関市
には「新下関駅」，北九州市には「小倉駅」がそれぞれ新幹線駅はできたもの
の，福岡市の成長とともに，両市は次第に通過地点となっていった。

　このような交通体系の変化が影響してか，北九州市の人口は1978（昭和53）
年に福岡市に抜かれ，1979年の108万6,415人をピークに人口は減少局面に入

り，2004年の推計人口で100万を割り，2015年10月１日現在の人口は96万
1,286人であり，1980年から9.75％の人口減少率となっている。一方の下関
市は，1980年の325,478人をピークに人口の減少局面に入っていく。2005
（平成17）年２月13日，旧下関市と豊浦郡４町（菊川町，豊田町，豊浦町，豊
北町）が新設合併し，新たに下関市が発足した。合併直後の人口が30万1,097
人であったことから，同年中核市の指定を受けたが，合併以降の人口は中核市
の基準である30万人を超えておらず，2015年10月１日現在の人口は26万
8,517人となっている。1980年からの人口減少率は17.50％となり，人口回復
の道筋が見えない現状にある。

表３－１　下関市と北九州市の人口の推移

| 県 | 構成自治体 | 人口（人） | | | | | 1980～2015年の増減数 | 2015年における増減率（1980年比） |
		1980年	1990年	2000年	2010年	2015年		
山口県	下関市	325,478	315,643	301,097	280,947	268,517	-56,961	-17.50%
福岡県	北九州市	1,065,078	1,026,455	1,011,471	976,846	961,286	-103,792	-9.75%

出典：「国勢調査」各年版より作成

　しかし，市民生活では，毎日１万人近い市民が，電車で数十分の距離であ
ることから，買い物，娯楽，通勤・通学，ならびに新幹線利用や飛行機利用な
どで両都市間を行き来している。両都市の交流は，日常生活に組み込まれてい
る実態にある。事実，表３－２に示されるように，下関市への通勤・通学者
の流入先，下関市からの通勤・通学者の流出先についてみると，近隣自治体で
は，北九州市が最も多く，国土交通省の定める条件によると，下関市は，北九
州都市圏の５％都市圏となっている（下関市　2015）。これは，実質的には同
一の生活圏を形成しているといえ，筆者は，これを「関門海峡都市生活圏」と
呼ぶこととしたい。その一方，合併前の下関市と豊浦郡４町で下関広域都市
圏を形成していたが，2015年９月30日，下関市１市での連携中枢都市宣言を
行っている。

表3－2 下関市を中心とする圏域設定関連指標

	（常住）人口	DIDs人口	昼夜間人口比	通勤通学者数	下関への流入 下関への就業通学者数	下関への通勤通学依存率（%） 対通勤通学者	対所常住人口	下関からの流出 下関からの就業通学者数	下関の通勤通学依存率（%） 対通勤通学者	対常住人口
下関市	280,947	184,034	0.986	168,146	-	-	-	-	-	-
宇部市	173,772	90,799	1.009	106,501	953	0.9	0.5	1,310	0.8	0.5
山口市	196,628	91,931	1.011	126,043	575	0.5	0.3	820	0.5	0.3
萩市	53,747	19,350	0.983	31,685	60	0.2	0.1	33	0.0	0.0
防府市	116,611	71,166	0.983	73,331	115	0.2	0.1	102	0.1	0.0
下松市	55,012	25,933	1.019	32,184	18	0.1	0.0	22	0.0	0.0
岩国市	143,857	69,391	0.982	82,912	15	0.0	0.0	21	0.0	0.0
光市	53,004	26,706	0.952	30,008	13	0.0	0.0	7	0.0	0.0
長門市	38,349	0	0.983	22,407	377	1.7	1.0	588	0.3	0.2
柳井市	34,730	9,660	1.034	19,387	7	0.0	0.0	2	0.0	0.0
美祢市	28,630	0	1.001	17,201	433	2.5	1.5	688	0.4	0.2
周南市	149,487	91,253	1.037	91,405	48	0.1	0.0	95	0.1	0.0
山陽小野田市	64,550	18,881	0.962	37,436	1,764	4.7	2.7	1,588	0.9	0.6
北九州市	976,846	877,833	1.027	599,576	3,417	0.6	0.3	6,056	3.6	2.2
福岡市	1,463,743	1,405,700	1.119	1,014,655	190	0.0	0.0	652	0.4	0.2
豊前市	27,031	5,243	1.014	15,615	9	0.1	0.0	7	0.0	0.0
中間市	44,210	38,592	0.862	2,369	38	0.2	0.1	9	0.0	0.0
苅田町	36,005	24,488	1.19	22,526	48	0.2	0.1	69	0.0	0.0

（近隣自治体）

資料：総務省「国勢調査（平成22年）」, 国土交通省「国土数値情報」
出典：下関市 2015：60より作成

2　「関門連携」の時代へ

　さて，前節でみてきたように，関門海峡を挟む両都市は，市民生活や経済活動，教育活動において強いつながりをもっている実態を踏まえ，さらに両市ともに人口減少問題や経済問題など財政運営的に危機感を強めていたことを背景に，下関市と北九州市の両市長は，両市の都市交流を行政としても推し進めようと，両市長による会談が，1987年に始まった。表 3 - 3 のとおり，2011年までに13回開催されている。

(1)　関門連携事業の開始から第 9 回まで（1987〜2006年）

　第 1 回目の会談では，観光振興や関門航路の整備等，国際化への取り組み，鉄道連絡の増強などの連携，協力について話し合われ，成果としては，「関門地域行政連絡会議」の設置の合意がなされた。

　これを受け，3 年後の1990年年 7 月には，両市の幹部職員（関係部長職）から構成される「関門地域行政連絡会議」が設置された。以来毎年 1 回継続的に開催されている。本会議は，両市の連携・交流を促進することで関門地域の活性化を図ることを目的としており，両市の相互の連絡調整および情報交換，関門地域の広域的課題について調査研究を行いつつ，各部局の連携事業等のとりまとめ，企画などを実施している。これにより施設建設については両市が連携して重複投資を避けるとの基本方針に基づき効率的行政運営が図られることになる。その成果として，観光分野において，関門海峡ロープウェイや門司港レトロ開発，下関市立しものせき水族館（海響館），唐戸市場等の施設整備の連携整備が進められてきた。また，下関・門司両岸から開門海峡を挟んで花火を打ち上げる「関門海峡花火大会」は，1988年から毎年 8 月13日共催実施されるようになっていく。

　1991年 7 月の第 2 回会談では，「日本海峡フォーラム」の取り組み等について合意された。この年は，両都市の姉妹・友好都市をメンバーとする「東ア

表3−3　両市長の会談と主要テーマ

	開催日時	参加者	概　　要
第1回	昭和62年5月30日 (1987年)	(下関市)泉田市長 (北九州市)末吉市長	(1) 観光振興（関門地域行政連絡会議の新設等について合意） (2) 港湾関係（関門航路の整備等） (3) 国際化への取組（連携と機能分担等） (4) 鉄道連絡の増強等
第2回	平成3年7月18日 (1991年)	(下関市)亀田市長 (北九州市)末吉市長	(1) 日本海峡フォーラムの取組み等について合意
第3回	平成11年8月6日 (1999年)	(下関市)江島市長 (北九州市)末吉市長	(1) 北九州博覧祭と新水族館の共同PRで連携を図ること等について合意 (2) 関門景観基本計画の策定と一層の連携強化
第4回	平成12年8月29日 (2000年)	(下関市)江島市長 (北九州市)末吉市長	(1) 馬島への給水の早期実現についての協力，連携 (2) 下関市の食肉センター廃止に伴う北九州市の受け入れの合意 (3) 北九州博覧祭への下関市の出展等について合意 (4) 共同観光の推進 (5) 東アジア都市会議，IWC（国際捕鯨委員会）開催に関する協力
第5回	平成13年2月14日 (2001年)	(下関市)江島市長 (北九州市)末吉市長	(1) (仮称)関門景観条例制定について合意 (2) 関門景観共同宣言
第6回	平成15年2月12日 (2003年)	(下関市)江島市長 (北九州市)末吉市長	(1) 六連島から馬島への分水にかかる基本協定の締結 (2) 両市の図書館等広域利用について合意 (3) 海峡連携による市立施設の高齢者の相互利用について合意 (4) 関門地区の共同での観光振興について合意
第7回	平成16年8月23日 (2004年)	(下関市)江島市長 (北九州市)末吉市長	(1) 関門トンネルを利用した，北九州市と下関市の水道水の相互融通に関する合意 (2) 東アジア経済交流推進機構設立に関する協力
第8回	平成17年7月5日 (2005年)	(下関市)江島市長 (北九州市)末吉市長	(1) 子ども文化パスポート事業の共同実施についての合意 (2) 共同観光の取り組みについて合意 　　（NHK 大河ドラマ義経の放送に合わせた関門エリアの観光PR等）
第9回	平成18年11月21日 (2006年)	(下関市)江島市長 (北九州市)末吉市長	(1) ビジターズインダストリーにおける連携の強化を確認 (2) 広域地方計画策定に向けて連携することを確認 (3) 道州制を背景に連携強化に向けて取り組むことを確認
第10回	平成19年7月2日 (2007年)	(下関市)江島市長 (北九州市)北橋市長	(1) 関門連携共同宣言【関門の5連携】に調印 (2) 関門地域の未来を考える研究会の設置に合意
第11回	平成20年11月25日 (2008年)	(下関市)江島市長 (北九州市)北橋市長	(1) 関門文化連携の強化について合意 (2) 「九州山口の近代化産業遺産群」の世界遺産登録に向けての連携・協力に合意 (3) 関門海峡道路早期実現に向けた連携について合意
第12回	平成21年12月22日 (2009年)	(下関市)中尾市長 (北九州市)北橋市長	(1) 地産地消の推進について合意 (2) 水族館と動物園の連携による市民交流の推進について合意 (3) 関門地域振興会議（仮称）の設置について合意
第13回	平成23年10月18日 (2011年)	(下関市)中尾市長 (北九州市)北橋市長	(1) 関門地域次世代若者交流イベント（仮称）の開催について合意 (2) 次世代を担う子ども育成支援事業（赤ちゃんの駅登録事業）について合意 (3) 環境分野での連携強化（電気自動車の普及促進）について合意

出典：北九州市「関門トップ会談の開催状況」(https://www.city.kitakyushu.lg.jp/soumu/file_0280.html)
　　　より作成

ジア都市会議」がスタートした年でもある。これが後の「東アジア経済交流推進機構」の設置へとつながる。

　1999年の第3回から2006年の第9回（2002年を除く）は，毎年開催されている。そのなかでは，とくに以下に紹介するように「関門景観条例の制定」や「下関から馬島への給水」，「子ども文化パスポート事業の共同実施」についての合意があり，その他多方面での成果が見られる。

①　「関門景観条例」の制定

　「関門景観条例」は，1998年8月3日に「関門景観協定」を締結し，2001年2月14日両市長会談にて，「関門景観共同宣言」を行い，同年10月2日「関門景観条例」及び「関門景観条例施行規則」が制定された。両市民の財産である関門の景観をひとつと捉え，恒久的に保全，育成，継承していくため，両市で同一の条例である「関門景観条例」を制定し施行している。景観について，県域を超えた自治体が同一名称，同一条文の条例を制定するのは，全国で初めてのことであることから，注目を集めることとなった。

　2002年4月1日には「関門景観基本構想」が公表され，2010年7月23日「北九州市景観計画」変更，同年8月6日「下関市景観計画」が策定された。

　2004年の景観法制定を受けて，2011年4月より景観法の枠組みを活用した新たな制度を施行―改正「関門景観条例」及び「関門景観条例施行規則」―が施行されると同時に，景観法に基づく「関門景観形成地域」の届け出が開始された。

②　下関から馬島への給水事業

　下関から馬島への給水事業は，下関市から北九州市小倉北区馬島地区に，飲用水の生活用水の給水を受けるため，小倉北区馬島に供給する水道（海底送水管）を六連島，馬島間で整備し，2004年4月1日から分水による給水が開始された。2010年4月1日には，同地区を下関市水道事業の給水区域に編入し，下関市からの分水による給水を解消した。

③　子ども文化パスポート事業の共同実施についての合意

　子ども文化パスポート事業は，地域の歴史・文化・自然に接することにより，

豊かな心を育むとともに親子のふれあい機会を増やすことを目的として，夏休み期間中を中心に文化施設等に無料または一部割引で入場できるなど，施設で特典が受けられるパスポートを，3歳以上中学生以下の子どもに配布している。2003年度に北九州市制40周年記念事業として始めたもので，2005年の第8回両市長会談の合意に基づいて，2005年度に下関市の施設を追加した。現在は，北九州市，下関市，長門市，北九州都市圏広域行政推進協議会の共同事業になっている。

(2) 「関門連携共同宣言」とその後の事業展開 (2007年～2011年)
① 「関門連携共同宣言」とは何か

　第1回の両市長の会談からほぼ20年が経過する中で，2007年7月の第10回両市長会談において，「関門連携共同宣言」が出された。その経緯については以下のとおりである，「関門海峡という共通の財産を持つ下関市と北九州市は，古くから密接な関係を持ちながら一体的な都市圏・経済圏を形成してきました。特に近年は，市民同士はもとより，産学官など様々な分野での交流が活発に行われています。昭和62年からは，両市長会談（関門トップ会談）が行われるようになり，両市の連携・交流がさらに加速しています。このようななか，平成19年7月に行われた第10回関門トップ会談において，これまで培ってきた連携事業を『関門の5連携』として整理し，積極的に取り組むことにしました」(https://www.city.kitakyusyu.lg.jp/soumu/file_0281.html)。では，関門連携共同宣言＜関門の5連携＞とはいかなる内容をもつものか。第1は，市民交流の連携，第2は，経済活動の連携，第3は，教育文化活動の連携，第4は，交通環境の連携，第5は，行政間の連携である。

② 関門5連携事業の展開

　関門連携共同宣言を受け，2008年度は，①赤ちゃんの駅事業，②大学コンソーシアム事業，③職員相互交流の3つが始まった。

　「赤ちゃんの駅事業」は同年10月から，北九州市が，外出中に授乳やおむつ替えのために立ち寄ることができる施設を「赤ちゃん駅」として登録している。

両市の子育て中の親が安心しれ生活できる環境づくりを進めるため, 2012年3月から下関市でも共通のシンボルマークを使用して「赤ちゃん駅」の登録を開始した。2018年3月末時点で, 下関市109施設, 北九州42施設を登録している。

「大学コンソーシアム事業」は, 北九州・下関地域の大学が, 各大学特有の教育・研究資源を相互活用して多様で質の高い教育を学生に提供することにより, 地域の大学の魅力向上を図るため, 同年12月24日に設立された。翌年度から単位互換制度を活用した共同授業（市民公開）等を実施している。

「職員相互交流」は, 相互に職員派遣を行うもので, 同年5月から実施する。1期2年間で, 現在6期目を迎えている。現在の派遣職員は, 北九州市より, 「下関市総合政策部企画課」へ, 下関市より, 「北九州市企画調整局政策部政策調整課」へ職員が派遣されている。

(3)　関門連携事業の現在

表3-4は, 2019年4月現在で実施されている関門連携事業の一覧である。全部で40事業（そのうち動いている事業は30事業）である。第1の「市民交流における連携」においては6事業, 第2の「経済活動における連携」においては7事業, 第3の「教育文化活動における連携」においては9事業, 第4の「交通環境における連携」においては3事業, 第5の「行政間における連携」においては15事業となっている。

表3-4は, 5連携別に開始年の古い順に作成してあるが, 最近の特徴として, 3つの連携事業において地方創生事業に基づく地方創生推進交付金を活用している。その第1は, 経済活動の2番目の「フィルム・コミッション事業における協力」である。これは, 2016年度から開始された「関門連携による国内外映画・テレビドラマ誘致・支援事業」である。両市の魅力を世界に発信するため映像作品の撮影誘致・支援に取り組んでいる。両市のフィルム・コミッションが連携を強化し, 海外における共同誘致活動, 映画祭等での共同ブース出展などを行っている。第2は, 経済活動の6番目の「関門海峡都市・

表 3 - 4　関門連携事業の一覧（2019年 4 月現在）

	事業名	開始年	概　要
【市民交流】			
1	関門地区のイベントの推進	1995 注(1)	関門地区において民間団体による様々なイベントの開催（維新・海峡ウォーク，関門よさこい大会，しものせき海峡まつり・門司海峡フェスタ）
2	関門海峡花火大会	1988	門司・下関両岸から関門海峡を挟んで花火の打ち上げ
3	スポーツ少年団交流事業	1998	両市のスポーツ少年団が各市の実施事業に相互参加，団員の交流
4	到津の森公園と海響館との連携	2010	下関市「海響館」と北九州市「到達の森公園」の両施設サポーター制度の実施，相互にイベント情報の提供
5	赤ちゃんの駅事業	2008	外出中に授乳やおむつ替えなどを行える「赤ちゃんの駅」の登録
6	下関海響マラソンと北九州マラソンとの連携	2018	PR ブースの設置，相互リンクなど広報面での協力
【経済活動】			
1	関門海峡観光推進協議会	1997	関門海峡エリアを中心とした観光振興を目的に下関市，北九州市，山口県から構成される協議会の設置
2	フィルム・コミッション事業における協力	2016	地方創生推進交付金を活用し，両市の魅力を世界に発信するための映像作品の撮影誘致・支援
3	東アジア経済交流推進機構	2004	環黄海地域発展を目的とした，日中韓の10都市の行政及び経済界が参加する機構
4	関門港連携推進連絡会	2012	関門地域の発展に資する，両港間の連携に係る情報交換，連絡調整を目的に発足
5	クルーズ客船寄港時の観光促進	2017	乗客に対し門司側，下関側双方の観光案内を行い，関門一円で観光の促進
6	関門海峡都市・観光まちびらき連携事業	2016	① 多言語対応アプリケーション制作などによる観光情報発信事業　② 関門地域夜間景観周遊バス運行等事業　③ ビッグデータ等を活用した戦略的観光事業等
7	関門地域魅力向上事業	2016	関門エリアの魅力をブランド化し，滞在型・宿泊型観光客の増加を図り地域経済の振興ブランド化を推進
【教育文化活動】			
1	関門地域共同研究	1994	両市に共通する広域的課題に対する調査研究の効率化を目的に設置
2	関門海峡・温故知新塾	1999	下関市民と門司区民が『関門』の歴史文化の再認識を目的に専門家による講義やフィールドワークの実施
3	北九州・下関高等教育機関会議	2001	地域の高等教育，学術研究機能の充実を目的に会議を実施し，大学間，行政との連絡調整
4	大学コンソーシアム関門	2008	北九州・下関地域内の各大学が教育・研究資源を相互に活用，地域の大学の魅力向上
5	「北九州・下関まなびとぴあ」を核とした地方創生モデルの構築	2015	（地（知）の拠点大学による地方創生推進事業（CCC＋））学生の地元定着を目的に，地域内各機関，行政参加のもと地域志向科目の開講，インターンシップの実施
6	北九州市，下関市図書館等広域利用	2003	両市の居住者が双方の図書館等で貸出利用を可能にする
7	こども文化パスポート事業	2003	文化施設等に無料または一部割引で入場できるなど，特典が受けられるパスポートの配布

8	北九州市立美術館と下関美術館の連携	1992	相互に会員証を提示すると両館の展覧会を無料または割引料金で観覧できるサービスの実施
9	日本遺産「関門ノスタルジック海峡」活用推進事業	2017	「関門ノスタルジック海峡」日本遺産認定を受けた，公式HP，VRの作成，記念イベントの実施
【交通環境】			
1	関門国際航路整備期成同盟会	1963	関係省や国会議員に対する関門航路整備予算の確保に関する要望行動を両市で連携して実施
2	下関北九州道路（関門海峡道路）の早期実現へ向けた取組み	1991	下関北九州道路の早期実現に向け，同盟会，協議会を結成し，要望活動，調査研究活動を実施
3	関門シティ電車運行実現期成同盟会	1996	両市が協力して鉄道事業者への要望活動及び時刻表作成・配布等のPR活動の実施
【行政間】			
1	関門連携共同宣言	2007	両市長が「市民交流」「経済活動」「教育文化活動」「交通環境」「行政間」の連携に取り組むことを宣言
2	関門地域行政連絡会議	1990	関門地域の活性化を図り設置，相互の連絡調整，情報交換，広域的な調査研究の実施
3	関門地域連携推進協議会	2016	『「かんもん海峡都市」観光まちびらき・形成連携事業』を円滑に実施するために設置
4	両市職員の相互派遣	2008	関門連携をさらに進めるため，両市職員の相互派遣
5	両市職員向け広報紙の作成	2008	両市職員の相互理解を進めるため，相互派遣職員の編集による広報誌の発行
6	関門連携PRコーナーの設置	2008	両市の市民が集う公共的施設にPRコーナーの設置，両地域で共有すべき情報の提供
7	関門景観条例	2001	関門の景観を恒久的に保存，育成，継承するため両市で同一の条例を制定
8	広報紙における連携	2002	両市市民の交流・連携を深めるため，両市の広報誌においてイベントや祭りなどの情報を相互に掲載
9	高齢者の公共施設相互利用	2003	両市の満65歳以上の高齢者が市立の文化施設等を無料または割引料金で相互利用できるサービスの実施
10	馬島への給水事業	2004	下関市から北九州市馬島へ生活用水を供給する水道の整備
11	関門トンネル水道連絡管事業	2005	緊急時の運用を目的に，関門トンネルを経由した両市上下水道局の配水管の連結
12	犬猫の譲渡事業の相互連携	2011	譲渡前講習会の受講を条件に，両市で犬猫の譲り受けを可能とする
13	消防相互応援協定の締結	2005	相互の消防力を活用し，被害を最小限に抑えることを目的に締結
14	学校給食の交流	2010	関門地域における県・市の枠組みを越えた地産地消を目的に「学校給食・関門交流の日」を実施
15	情報システム共同利用化への検討	2019	総務省公募案件に両市共同で提案参加し，パブリッククラウドを活用する実証実験に取り組む

注(1)：イベントの連携開始年はイベントにより異なるため，ここでは最も古い維新・海峡ウォークの開始年を記載した

出典：関門地域行政連絡会議へのヒアリング

観光まちびらき連携事業」である。地方創生推進交付金を活用し，関門地域への観光客の誘致や宿泊滞在観光客の増加を図るため，関門エリアの日常的なライトアップや夜間観光を中心とした周遊バスの運行，ICTを活用した外国人観光客の受入環境の整備及びビッグデータの活用，観光客向けのコンテンツや情報を発信するアプリの作成を行う。第3は，経済活動の7番目の「関門地域魅力向上事業」である。これは関門エリアの魅力をブランド化し，滞在型・宿泊型観光客の増加を図り，地域経済の振興，ブランド化を推進するものである。第4は教育文化活動の5番目の「『北九州・下関まなびとぴあ』を核とした地方創生モデルの構築」である。これは，2014（平成27）年度から2019（平成31）年度の間，北九州市立大学，下関市立大学をはじめ13の大学・高等専門学校，北九州，下関市，福岡県，北九州商工会議所，下関商工会議所，北九州活性化協議会の参加のもと，地域志向科目の開講や地元企業インターンシップ，企業ガイダンスなどを通して，本地域における学生の地元定着等を推進する事業である。

3　東アジア諸都市との連携と今後

(1)　「東アジア都市会議」から「東アジア経済交流機構」への展開

　1987年より両市によって推進されてきた関門連携であるが，両都市間のみならず東アジアの諸都市との連携にも取り組んできた。それが「東アジア経済交流推進機構」である。その始まりは，1991年に発足した「東アジア都市会議」及び「東アジア経済人会議」に遡る。

　「東アジア都市会議」は，環黄海地域における新たな経済圏の形成を目的に設置され，構成都市は，下関市・北九州市（日本）及び両市の姉妹・友好都市である大連市・青島市（中国），仁川広域市・釜山広域市の6都市であった。つまり，両市の連携・関係を基軸に始まった東アジア都市との連携であった。その後，天津市・煙台市（中国），蔚山広域市（韓国），福岡市（日本）が加わり，2004年には経済交流に特化したプラットフォームづくりを目指して，日

中韓の10都市で「東アジア経済交流推進機構」を設立した。2014年には熊本市（日本）の加入を経て，図3-1のように，2018年現在11都市・市長と，11都市・商工会議所の会員都市から構成されている。

　機構の組織は，総会，執行委員会，部会から構成されている。「総会」は，会員都市の行政と経済団体（商工会議所・国際商会）の代表が構成する機構の意思決定機関であり，会員都市の持ち回りで開催される。直近では，2018（平成30）年11月に仁川広域市で開催されている。「執行委員会」は，総会を開催しない年に開催する実務者会議である。総会を補佐し，諸課題について協議する。「部会」は，専門事項を協議し共同事業を実施する機関として4部会が設置されている。国際ビジネス部会，環境部会，観光部会，ロジスティクス部会である。2017年度までの部会開催の実績は，国際ビジネス部会は4回（前身

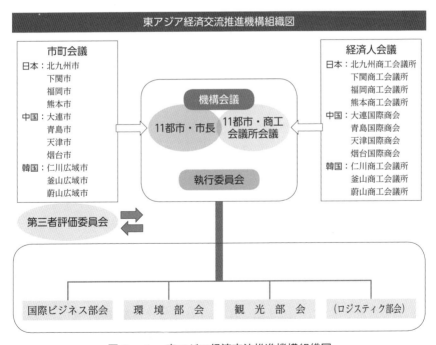

図3-1　東アジア経済交流推進機構組織図
出典：oeaed.org/東アジア経済交流推進機構より転載

の「ものづくり部会」9回），環境部会では12回，観光部会では11回，ロジスティクス部会は6回となっている。なお，2020年の執行委員会と2021年の総会は，下関市での開催が決まっている。機構の庶務を行う機関である「事務局」は，北九州市・下関市の行政・商工会議所が共同で担い，北九州市に設置されている。

　成果のひとつは，2010年3月「環黄海ACTION」が始動したことを受け，2010年11月に青島市で開催された第4回の総会において，「環黄海ACTION実施に関する覚え書」が日中韓10都市の市長によって調印された。これにより輸出ビジネス円滑化に向けた「ワンストップセンター」等の設置・ネットワーク化が実行に移されることとなった。これを受け，それまで専門部会に設置されていた「ものづくり部会」と「ワンストップセンターネットワーク会議」が統合して，前掲の「国際ビジネス部会」が設置されたのである。

　このように「東アジア都市会議」及び「東アジア経済人会議」から発展し設立された「東アジア経済交流推進機構」であるが，2004年の設立からすでに15年が経過した。この間，日中韓の経済状況は大きく変化し，そのことが機構の運営にも影響を及ぼしている。2018（平成30）年の仁川広域市での総会において，①会議開催頻度を2年毎から3年毎に変更，②会議の輪番制の導入が承認されるなど，「東アジア経済交流推進機構」の運営に変化が見られる。このような現状を打破し，その存続に向けての活性化が緊急の課題となっている。

(2) 東アジアに向けた成長戦略としての関門両港の連携

　下関市と北九州市の「関門連携」の中心に下関港，北九州港の両港がある。この両港から構成される「関門港」は，1951年に「特定重要港」（2011年段階：国際拠点港湾）として港湾法において指定されている。

　取扱貨物量では，2010年実績で105,297千トン，日本海側で最大となっている。国際定期旅客数では，同年実績で31.4万人，日本海側では第2位である。図3-2のとおり，アジア向けコンテナ航路数は月に35航路210便，国際フェ

リー・国際RORO船航路数は週5航路14～16便，固定定期航路数（中・長距離）は週6航路45便となっている。いずれも2011年7月1日実績で，日本海側では最大になっている。これらの航路の中心は，貨物，旅客いずれもアジア各国及び国内地域である。

このような実績と，これまで見てきた毎日1万人近い市民が行き来し，経済界や学会での連携実績，行政分野における両市長の会談や関門地域行政連絡会議，関門海峡観光推進協議会，関門景観条例の設置などの連携を背景として，2011年11月，「日本海側拠点港」に選定される。これを受けて，北九州港・下関港が一体となり関門地域の発展のため，両港間の連携に係る情報交換，連絡調整を行うことを目的とし「関門港連携推進連絡会」が，2012年3月に発足し，施策の検討や調整を行っている。

「日本海側拠点港の形成に向けた計画書」によれば，「関門地域は，成長著しい東アジアの中心にあり，我が国のアジアに向けたゲートウェイとして最適なポジションであり，アジアの活力を取り込む成長を遂げるため，関門両港が一体となった取り組みが必要」と述べている。

関門港の目指す姿と目標は，第一は国際海上コンテナとして，①「ダイレクト・アジア」の拡大，②アジア向け産業拠点の形成をかかげている。第二は，国際フェリー・国際RORO船航船として，「シームレス・アジア」の実現―アジア物流の構築をあげている。第三は国際定期旅客として，「ボーダレス・アジア」の実現をあげ，東アジア地域へ向けたゲートウェイ（玄関口）としての役割を強化するとしている。これにより東アジア地域と九州・山口地域の旅客活動を促進し，関門港の魅力向上を関門連携によって実現する「みなとまちづくり」を推進する必要があるとしている。

2012年には，門司港，下関港のどちらかにクルーズ船が寄港した際，乗客に対し，門司側，下関側双方の観光案内を行い，関門連携で観光を促進する事業を展開している。また，2015年からは，地方創生推進交付金を活用し，関門地域への観光客誘致や宿泊滞在型観光客の増加を図るため，関門エリアの日常的なライトアップや夜間観光を中心とした周遊バスの運行，ICTを活用し

た外国人観光の受入環境の整備及びビッグデータの活用，観光客向けのコンテンツや情報を発信するためのアプリの作成に取り組んでいる。

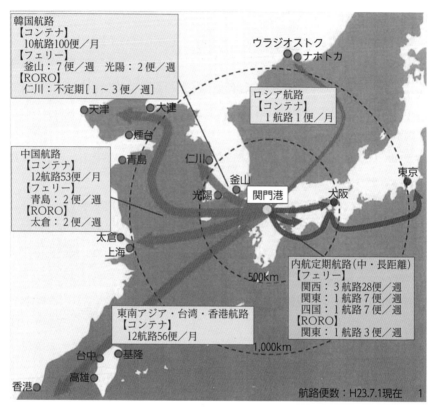

図3-2　国別コンテナ・フェリー・RORO航路数（便／月）
出典：北九州港・下関港　2011：1より転載
https://www.nilt.go.jp/report/press/port04_hh_000035.html

【引用・参考文献】

関門港, 2011,「日本海側拠点港の形成に向けた計画書（プレゼンテーション資料）」北九
　　州市・下関市
小林茂・中原雅夫, 1983,『わが町の歴史　下関』文一総合出版
古川薫, 1993,『関門海峡』新日本教育図書
南博, 2009,「関門特別市構想の課題と展望に関する考察」『都市政策研究所紀要』北九州
　　市立大学都市政策研究所, 第 3 号
下関市, 2015,『下関市人口ビジョン』
下関市市史編修委員会編, 1983,『下関市史　市制施行—終戦』下関市役所
　　——, 2008,『下関市史　原始—中世』下関市
　　——, 2009,『下関市史　藩制—市制施行』下関市
下関市・北九州市, 2001,「関門海峡を結ぶ景観に配慮したまちづくり」
北九州市, 2019,『北九州市景観づくりマスタープラン（概要版）』
杉原勝章, 2018,「産業構造の変化と人口増減の関係について—関門地域を事例として—」
　　『関門地域研究』第27号

第4章
「下関市」と韓国・釜山市・九州圏
・山口県の都市間連携

　1976年に姉妹友好都市を締結した下関市と釜山市は，日韓の玄関口として発展してきた[1]。下関市と釜山市を含む韓国東南部と日本九州圏の間には，「日韓海峡沿岸県市道交流知事会議」（1992年加入），「アジア太平洋サミット」（1999年加入），「東アジア経済交流推進機構」（1993年加入），「釜山・福岡フォーラム」（2006年加入）などの都市間連携が形成されている。

　このような日韓の都市間連携は，1980年代後半の自治省の「地域の国際化」と1998年の「日韓共同宣言」の２つの要因によって，推進されてきた。

　まず「地域の国際化」は，1987年に閣議決定した「四全総」によって進められた。「四全総」においては，「地方圏の戦略的，重点的整備」として，産業構造の変化のなかで地域の活性化を図るためには，地方都市が国際交流機能を適切に分担することがあげられた。これをうけ，自治省は，1987年３月に「地方公共団体における国際交流の在り方に関する指針」を提示し，地方公共団体が地域レベルの国際交流を推進する意義は，地域の活性化を図ることにあることを示した。その後，1988年の「国際交流のまちづくりのための指針について」，1989年に「地域国際交流推進大綱の策定に関する指針について」が提示された。こうしたなかで，1980年代末から1990年代にかけて，多くの自治体は地域レベルの国際交流として，「友好姉妹都市」を締結するようになった（佐藤　2011：44）。

　次に「日韓共同宣言」とは，1998年に金大中大統領と小渕恵三首相の合意によって，「21世紀に向けた新たな日韓パートナーシップ」の構築を目指すものである。注目すべきは，1965年の国交正常化以後の日韓関係をより発展させるための具体的な行動計画を示している点にある。行動計画ついては，①

両国の対話チャンネルの拡充，② 国際社会の平和と安全のための協力，③ 経済面での協力関係強化，④ 地球規模の問題に関する協力強化，⑤ 国民交流及び文化交流の増進の５つが示された。そのなかでとくに「国民交流及び文化交流の増進」として，「2002年W杯及びこれを契機とした国民交流事業」「日韓国民交流の促進」「青少年交流の拡大」「学術交流」「地域間交流」「文化交流の充実」という交流推進の合意がなされ，これをもって多方面での交流がみられることになる。

このような「地域の国際化」「日韓共同宣言」によって推進された日韓の交流が，自治体交流の現場でどのようにうけとめられたのかを，まずは下関市と釜山市の交流をふまえたうえで，釜山市と日本・九州圏や山口県を含めた「日韓海峡沿岸県市道交流知事会議」に注目してみておこう。

1　下関市と釜山市における都市間連携

ここでは，下関市と釜山市の都市間連携として，① 両市の交流，② 姉妹都市提携と国際会議体をとりあげる。

(1)　下関市と釜山市の交流

下関市と釜山市の交流は，1965年の国交正常化の以前から行われていた。1964年に，すでに下関青年会議所と釜山青年会議所は姉妹JCとして交流を始めていた。1965年に日韓基本条約が締結された翌年に高校生の相互訪問が行われ，小中学教員派遣（1969年），勤労青年研修団派遣（1970年）等の市民レベルの交流が進められた。

1976年の姉妹都市締結後は，両市のスポーツ交流が盛んに行われるようになった。スポーツ交流としては軟式テニス（1976年），バレーボール（1976年），サッカー（1979年），ヨット（1980年），少年野球（1981年），剣道（1983年）等があげられる（下関市市史編修委員会　1989：713）。スポーツ交流は，下関市と釜山市で交互に毎年開催される形式をとっている。2003年に製作された

映画『チルソクの夏』（佐々部清監督）は，「関釜親善陸上大会」を映画の舞台
としている。この関釜親善陸上大会は1996年に中断し，その後2007年に再開
したものの，再び中断となった。こうしたなかで，1976年に開始した軟式テニス，ヨット（1980年開始），剣道（1983年開始）の交流が，2019年の時点で
持続しており，こうした40年以上の草の根交流の存在が両市交流の特徴である[2]。

　また，両市における経済的交流や人的交流も活発に展開した。1984年の
「観光展」の開催，1985年に韓国輸出促進訪日団が来訪し，下関魚港水産物輸
入促進団が訪韓した（下関市市史編修委員会　1989：713）。人的交流として，
下関市から韓国への小中学生研修団の派遣があげられる（1990年〜2016年）。
これは下関市の小学生を釜山に派遣し，現地の小学生との親睦を図ったもので
ある。さらに，1992年から「交換職員の相互派遣制度」が実施された。これ
によって，釜山市の職員は「下関市国際課」へ，下関市の職員は「釜山広域市
国際協力課」へ2年間派遣されるようになる[3]。そのほか，大学生のインター
ンシップ相互派遣，2009年から「下関海峡マラソン」への釜山市市民と選手
の受け入れ事業もある。

　2000年代になると，日韓サッカーワールドカップ大会を追い風にして，派
遣交流が行われる。まず釜山市からは，下関市のグリーンモール商店街振興組
合主催の「リトル釜山フェスタ」に公演団やテコンドーチーム等を派遣した。
2018年は釜山市から東亜大学校のテコンドーチームが派遣された。下関市か
らは，釜山国際交流財団主催の「外国人とともにするオウルマダン（Global
Gathering)」に参加してきた。下関市職員が「下関市の広報ブース」を設置し，
広報活動を行った（2008年〜2016年）。2004年からは，下関市の馬関まつり
の期間中に，釜山市から「朝鮮通信使行列再現」を行うスタッフが派遣される。

　2019年現在，両市の交流は，1976年の姉妹都市結縁からすでに43年が経
過した。長い交流の中，ⅰ）スポーツなどの民間の草の根交流を持続してきた
こと，ⅱ）行政を通じた人材派遣交流が盛んであること，ⅲ）「朝鮮通信使行
列再現」という歴史文化の交流が加わったことの3つが特徴であると言えよう。

表4－1　下関市と釜山市の主な交流

1966年	高校生の相互訪問
1969年	小中学校教員派遣
1970年	定期航路関釜フェリー就航・勤労青年研修団派遣
1971年	関釜親善陸上競技大会（1996年中断，2007年開始）
1976年	姉妹都市盟約を調印，関釜親善軟式庭球（ソフトテニス）大会，関釜親善ハンドボール大会開催
1979年	関釜親善サッカー
1980年	関釜親善ヨット競技大会
1981年	関釜親善少年野球大会
1983年	関釜親善剣道大会
1984年	下関観光展の釜山開催・釜山観光展の下関開催
1990年	小中学生研究団の派遣（2016年まで実施）
1992年	交換職員の相互派遣制度開始
2001年	「リトル釜山フェスタ」への釜山市公演団招へい
2004年	「馬関まつり」朝鮮通信使行列再現の釜山市スタッフ派遣
2009年	下関海峡マラソンに釜山市民参加
2016年	姉妹都市40周年記念式典（釜山市）

出典：下関市市史編修委員会編，1989，下関市。下関市総合政策部国際課ホームページ
（http://www.city.shimonoseki.lg.jp/　2019年11月18日閲覧）

(2)　姉妹都市締結と国際会議体の参加

　では，下関市と釜山市の都市間連携は，どのようなものであるのか。ここでは，姉妹都市締結と国際会議体を取り上げる。

①　下関市の都市間連携

　下関市国際課では，ⅰ）国際人，ⅱ）国際交流という2つに重点をおいている。具体的に，国際人としての人材の育成及び啓発や民間の推進体制の整備に力を入れている。人材の育成及び啓発は，青少年の海外派遣研修やボランティア活動通訳研修があげられる。国際交流は，「姉妹友好都市の国際交流」ならびに「東アジア経済交流推進機構」の活動，「下関市在住の留学生との交流とその支援」の3つである。このうち，「東アジア経済交流推進機構」は，

表４−２　下関市における韓国との交流活動（2018年度）

2018年 5 月 5 日	朝鮮通信使祭りに参加
7 月 2 日	釜山市からの大学生インターンシップ受け入れ
7 月 5 日	韓国蔚山広域市南区「2018蔚山クジラ祭り」に副市長一行訪問
7 月14日	第 6 回韓国嶺南地域高校生日本クイズ大会・下関市長賞の受賞
8 月31日	釜山市の芸文学生芸術団の来関と「韓日交流の音楽会」開催
9 月 8 日	釜山国際観光展に下関市のブース出展
9 月18日	第 3 回光陽市国際交流都市シンポジウムに参加
10月25日	2018年日中韓国公務員 3 ヶ国協力ワークショップ（韓国江原道束草市）
10月29日	東アジア経済交流推進機構仁川総会（日中韓11都市）
11月23日	リトル釜山フェスタに釜山の公演団を招へい
2019年 1 月26日	釜山韓日交流センター主催の高校生日本クイズ大会の下関市長賞受賞者の来関
3 月 2 日	韓国光陽マラソンに参加

出典：この表は下関市総合政策部国際課ホームページを基に作成したものである。
（http://www.city.shimonoseki.lg.jp/　2019年11月18日閲覧）

下関市が「関門連携事業」（ 3 章参照）を共同で推進してきた北九州市との連携関係がベースとなって展開したものである。下関市にも北九州市と共同で事務局がおかれる。

　下関市の姉妹友好都市はサントス市（1971年），釜山市（1976年），イスタンブール市（1972年），青島市（1979年），ピッツバーグ市（1998年）の 5 つとなっている。下関市の姉妹友好都市は，1998年に締結したピッツバーグ市のほか，日韓親善に力を入れてきた井川克巳市長の在任期間（1967年〜1979年）に締結した点が特徴であるといえよう。

②　釜山市の都市間連携

　釜山市の都市間連携は，釜山市の「都市外交政策課」[4]と「釜山国際交流財団」という外郭団体が進めている。「釜山国際交流財団」の業務は，ⅰ）姉妹都市との子どもの交流，ⅱ）青少年教育訪問団の交流，ⅲ）釜山青年の派遣事業，ⅳ）姉妹友好都市との文化・市民交流となっている。

　2019年 1 月現在，釜山市は23カ国36都市と「姉妹提携都市」， 6 カ国10都市と「友好協力都市」を締結するほか，具体的なテーマで期限を決める交流と

して「パートナー都市」をもつ。「姉妹提携都市」とは条例に基づき市議会の承認が必要なものであり、「友好協力都市」は市議会への報告のみを行うものである。一方の「パートナー都市」は市議会の承認・報告は要しない。

　こうした釜山市の姉妹・友好都市の締結は、主として1990年代以降に行われる。その理由は、1990年代に地方自治が復活し、新たな民選首長が、自治体の国際化を積極的推進したからである。釜山市と日本の自治体との交流は、ⅰ）姉妹提携都市としては下関市（1976年）と福岡市（2007年）、ⅱ）友好協力都市としては大阪市（2008年）と長崎県（2014年）となっている。2006年に横浜市と「羽田空港国際化推進パートナー都市協定」（2006年～2010年）を結び、その後は両都市間の観光・都市環境・市民交流に関する協力強化を進めている。そのほか、2005年から北海道もパートナー都市となっている。

　次に、釜山市は15の国際会議体に参加している（表4−3）。ここで国際会議体とは、グローバルな都市間連携の仕組みづくりを意味している。日本と関わる国際会議体は、「東アジア経済交流推進機構」「アジア太平洋都市サミット」「釜山―福岡フォーラム」「日韓海峡沿岸県市道交流知事会議」がある。そのなかでとくに「東アジア経済交流推進機構」は、韓中日の環黄海地域における経済交流に特化し、一方の「アジア太平洋都市サミット」は都市問題の解決に重点がおかれ、中国を含めて東南アジアとの接点ができる点が特徴である。そして、「釜山・福岡フォーラム」は、釜山市所在の東西大学「日本研究センター」と九州大学「韓国研究センター」との学術交流で浮上したものであり、両市の産学官のリーダーによる政策提言機関である点に特徴がある。「釜山・福岡フォーラム」は、釜山と福岡からなる「超広域経済圏」の実現を追求しつつ、そのための交流拡大を模索している。

　最後の「日韓海峡沿岸県市道交流知事会議」は、釜山市を含む韓国南部の三道（慶尚南道、全羅南道、済州特別自治道）と日本の九州北部の三県（福岡県、佐賀県、長崎県）と山口県からなる知事会議であり、毎年開催され、懸案問題に対応できる交流事業を展開してきている。

　このように釜山市は、九州から大阪市や横浜市、北海道にいたるまで、日本

の自治体と積極的に都市間連携に積極的に取り組んでおり，日本の都市との交流の蓄積をベースにして，環境や学術交流，経済を軸として広域なネットワークを強められるようにしている。そのなかで，下関市が属する山口県が会員となっている「日韓海峡沿岸県市道交流知事会議」に注目したい。

表4-3 釜山市における国際会議体の現況

機構名	設立年	本部・事務局所在地	参加国・都市・団体
国際コンベンション協会（ICCA）	1963年	オランダ・アムステルダム	80カ国850団体
世界大都市会議（Metropolis）	1985年	スペイン・バルセロナ市	136都市
亜太地域人間定住開発地方政府会議（CITYNET）	1989年	韓国ソウル市	24カ国85都市
自治団体国際環境協議会（ICLEI）	1990年	カナダ・トロント	60カ国472団体
日韓海峡沿岸県市道交流知事会議	1992年	日韓の各自治体	韓日の8市道県
アジア・太平洋都市サミット会議（APCS）	1994年	日本福岡市	13カ国30都市
東北亜地域自治団体連合会議（NEAR）	1996年	韓国浦項市	6カ国70地方団体
亜太都市頂上会議（APCS）	1996年	豪州・ブリスベン	アジア・太平洋地域の70都市
国際都市照明連盟（LUCI）	2002年	フランス・リヨン	37カ国70都市
世界地方政府連合会議（UCLG）	2004年	スペイン・バルセロナ市	136カ国1,000団体
アジア・太平洋都市観光振興機構（TPO）	2003年	韓国釜山市	10カ国71都市
東アジア経済交流推進機構（OEAED）	1990年	日本北九州市（下関市）	韓中日の11都市
世界都市サミット市長フォーラム（WCSMF）	2008年	シンガポール	30カ国1,200名
GTI東北亜地域地方協力委員会	2011年	中国・北京市	4カ国10都市
国際観光地域マーケティング協会（DMAI）	2014年	米国・ワシントン	30カ国550団体

出典：この表は，釜山広域市のホームページを基に作成したものである。(http://www.busan.go.kr/bhbusiness01 2019年1月24日閲覧)

表 4 - 4　日韓海峡沿岸県市道交流知事会議・自治体の概要

自治体	面積（k㎡）	人口数	高齢化率
釜山広域市	770.04	3,520,306	16.5
慶尚南道	10,539.8	3,455,540	15.0
全羅南道	12,335.1	1,916,012	21.8
済州特別自治道	1,833.2	692,032	14.3
福岡県	4,986.5	5,129,043	26.9
山口県	6,112.5	1,368,495	33.5
長崎県	4,130.88	1,341,702	30.7
佐賀県	2.440.68	819,110	29.6

出典：各自治体のホームページをもとに作成
釜山市と慶尚南道は2017年基準（高齢化率は2018年基準）
全羅南道／済州特別自治道は2018年基準
福岡県／山口県は2018年10月１日基準，長崎県は2018年
　７月１日基準

2　「日韓海峡沿岸県市道交流知事会議」
（Japan-Korea Strait Governor Meeting）

　「日韓海峡沿岸　県市道交流知事会議」（以下，日韓海峡知事会議）は，
1992年に日韓海峡を挟んだ自治体の意見交換と共同交流事業の実施を目的に
設置されたものである[5]。発端は，1991年に福岡県・佐賀県・長崎県の３県
が日韓の両地域の首長が会する会議を計画し，日本政府（自治省，外務省）の
協力を得て，韓国政府（内務部）に会議の可能性を打診したことである。これ
によって，韓国側からは釜山直轄市・全羅南道・慶尚南道・済州道が参加し，
日本側の福岡県・佐賀県・長崎県と併せて日韓海峡知事会議が立ち上がった。
その後，1999年に山口県が合流し，８自治体の会議となった。なお，韓国側
は釜山市が，日本側は福岡県がそれぞれ幹事役を担っているという。
　では，日韓海峡を挟む自治体は，どのような地域特徴をもつのか。まず人口
をみると，福岡県は約512万人，釜山市は約352万人，慶尚南道は345万人で

あり，300万人を上回っており，その次に全羅南道191万人，長崎県134万人，山口県136万人の順である。佐賀県81万人と済州道69万人は100万人を下回っている（表４-４）。また老年人口比率は，韓国では全羅南道の21.8％，釜山市16.5％，慶尚南道15.0％，済州特別自治道14.3％の順である。このうち全羅南道は，韓国で最も高齢化の進んだ地域となっている。一方の日本側の自治体の高齢化率は山口県33.5％，長崎県30.7％，佐賀県29.6％，福岡県26.9％であり，著しく高齢化が進んでいる。これらの自治体の共通点は，日韓海峡を挟んでつながっていることであり，日韓海峡圏の発展モデルを追求するための協議を行う場が日韓海峡知事会議である。

　このような日韓海峡知事会議は，日韓の８県市道の首長による会議として日本と韓国で交互に持ち回りで毎年開催している。会議は，実務会議と本会議とからなる。実務会議は１月から３月に行われ，９月の準備会議を経て，11月か12月に本会議が開催される。実務会議で本会議の主題を決めて，各自治体が発表し，共同声明を出す運びとなっている。本会議のテーマは，日韓海峡圏のビジョン，主要施策の情報交流，環境，景観，経済，福祉，観光，少子高齢化，人材育成等，多岐にわたっている（表４-５）。

　注目すべきは，本会議の主題を話し合ったうえで，その主題に関連する共同交流事業を提案し，その翌年に事業を実施することである。つまり，会議結果が翌年の「共同交流事業」として実現されるのだ。2016年以降の「共同交流事業」の資料によれば，「水産関係交流事業」「環境技術交流会議」「広域環境協議会」「情報ネットワーク構築事業」「日韓海峡海岸漂着ゴミ一斉掃除事業」「スポーツ（サッカー）交流事業」「再生可能エネルギー担当者会議」「日韓海沿岸観光プランづくり事業」「高齢者福祉現場専門家交流会」等の共同交流事業が実施されている。これらは本会議で成果を評価し，継続の有無を決めているという。たとえば，済州特別自治道で開催した会議で提案された「再生可能エネルギー担当者会議」事業は，自治体より民間の領域であるという点で，１回の実施となった。

　2019年の共同交流事業は，「スポーツ（サッカー）交流事業」「日韓海峡沿

表４－５　「日韓海峡沿岸県市道交流知事会議」の開催地と主題

巡目	回	年	開催地	国	主　題
1	第１回	1992	済州道	韓国	地方公共団体の友好増進・地域発展
	第２回	1993	佐賀県	日本	日韓共同事業の採択（青少年・環境・水産）
	第３回	1994	釜山直轄市	韓国	日韓海峡圏の協力と繁栄
	第４回	1995	長崎県	日本	21世紀に向けた日韓海峡圏協力体制の確立
	第５回	1996	慶尚南道	韓国	日韓海峡圏の21世紀のビジョンと協力
	第６回	1997	福岡県	日本	日韓海峡圏の協力による新時代の共同創造
	第７回	1998	全羅南道	韓国	日韓海峡圏の共同繁栄のための新たな協力時代の創造
2	第８回	1999	佐賀県	日本	住民に開かれた知事会議の運営（２巡目のテーマ）／山口県合流
	第９回	2000	済州道	韓国	共同交流事業の成果，海洋漂着ゴミ問題の論議
	第10回	2001	山口県	日本	８県市道の主要施策の情報交換，ホームページ開設
	第11回	2002	釜山広域市	韓国	８県市道の主要施策の情報交換
	第12回	2003	長崎県	日本	経済・観光・福祉分野の交流事業の推進
	第13回	2004	慶尚南道	韓国	８県市道の主要施策の情報交換
	第14回	2005	福岡県	日本	「日韓友情年2005」の推進
	第15回	2006	全羅南道	韓国	８県市道が希望とビジョンを提示する重要施策の情報交換
3	第16回	2007	佐賀県	日本	「交流を通じた共同繁栄へ」（３巡目のテーマ）
	第17回	2008	済州特別自治道	韓国	若者交流，観光交流事業の推進
	第18回	2009	山口県	日本	地球環境問題に集中して論議
	第19回	2010	釜山広域市	韓国	観光交流の推進，日韓海峡海岸漂着ゴミ一斉掃除の実施
	第20回	2011	長崎県	日本	青少年の育成・交流の推進，観光交流，環境問題の論議
	第21回	2012	慶尚南道	韓国	少子・高齢化社会対策について情報交流
	第22回	2013	福岡県	日本	グローバル人材育成の議論
	第23回	2014	全羅南道	韓国	美しい景観づくりの議論
4	第24回	2015	佐賀県	日本	スポーツの振興・交流
	第25回	2016	済州特別自治道	韓国	再生可能エネルギー関連事業および地域発展
	第26回	2017	山口県	日本	インバウンド（外国人観光客誘致）の取組
	第27回	2018	釜山広域市	韓国	超高齢社会の対応施策

出典：「日韓海峡沿岸県市道交流知事会議」のホームページ。(https://japan-korea-strait8.org/ 2019年５月１日閲覧)

岸観光プランづくり事業」である。2019年，日韓関係が悪化していくなかで，
これらの事業が中断せず実施されたことは注目に値する。済州特別自治道は，
ほかの日韓交流事業は中断したが，スポーツ交流事業は，2019年の７月に計
200名規模のサッカー大会として開催したのである。山口県でも2019年８月
に，日韓の大学生が日本側の４県でそれぞれグループを編成し，それぞれの
チームが観光プランを「海峡メッセ下関」で発表している。

　2019年の時点で，日韓海峡知事会議は1992年の開始から28年が経過した。
同年12月に長崎県で28回目の日韓海峡知事会議が行われた。日韓海峡知事会
議は，毎年持続的に開催される点，共同交流事業を実行してきた点が成果とし
てあげられる。この間，釜山市は日韓海峡知事会議を1994年，2002年，
2010年，2018年の４回開催してきた。釜山市の国際交流担当者は，「日韓海
峡知事会議が発足した1990年代は，韓国の自治体は民選首長を中心に地域の
活性化を模索する時期であった。日韓海峡知事会議は，釜山市がグローバルな
国際交流を経験する場であった」とその意味を語ってくれた（2017.2.22）。

　釜山市は下関市の交流をふまえ，さらに下関市の属する山口県と九州圏との
都市間連携を作り上げてきているといえよう。

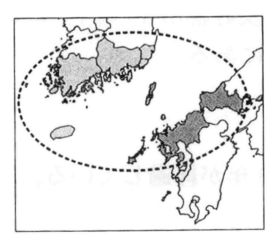

図４－１　「日韓海峡沿岸県市道交流知事会議」のエリア
出典：岩下明裕編，2012：184より引用

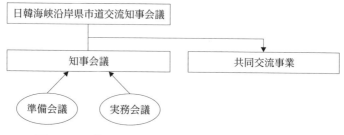

図4-2 「日韓海峡沿岸県市道交流知事会議」組織図
出典：筆者作成

3 おわりに

　下関市と釜山市は，日韓の独自の歴史を共有し，戦前からの人的な交流が盛んであり，海峡を挟んで地理的に近接しているといった特性を活かし，多方面の交流を着実に蓄積している。

　1980年代の「地域の国際化」，1998年の21世紀に向けた新たな日韓パートナーシップの構築をめざす「日韓共同宣言」を追い風にして，韓国の南部と日本の九州圏への連携が広がりつつある。下関市と釜山市の交流は，その連携のひとつである。1992年に発足した日韓海峡知事会議に，7年遅れて1999年に山口県が合流してきたことは，下関市が韓国の物的・人的交流の拠点であることにほかならない。2018年時点で，下関港を通じた出入国者は17万8,039人，そのうち韓国人は15万4,658人，全体の86.8％を占めているのである。

　2019年現在，徴用工問題から発した日韓関係の悪化のなか，地方の多様な交流は中断に追い込まれ，中央政治の風向きによって，地方の交流が大きな影響を受ける現状が浮き彫りになった。しかし，日韓の首都圏とは違って，韓国の南部と日本の九州圏は，生活圏の機能をもっており，日韓の連携なしに地域活性化は実現しにくい。中央政府の動きに左右されない地方の連携を実現するために，どのような共生モデルが必要なのか，下関市と釜山市の交流とその展開は，この点について様々なヒントを与えてくれる。

《注》

(1) 戦前の釜山の行政名称は「釜山府」であったが，1949年に「釜山市」となった。その後，1963年は「釜山直轄市」，1995年は「釜山広域市」へと名称が変わった。なお，済州道は2006年に特別自治道に昇格した。特別自治道とは国から様々な権限が移譲された広域自治体を指す。

(2) スポーツ交流の主体は，下関市ソフトテニス連盟と釜山広域市ソフトテニス協会，下関剣道連盟と釜山広域市剣道会，下関市ヨット連盟と釜山市ヨット協会等である。

(3) 釜山市庁において，1990年に設置された「国際協力係」は，国際交流業務の増加に伴って，「内務局国際協力担当官室」に変わり，その下に国際協力係と国際交流係が置かれた。また，1998年に国際通産課，2001年に国際会議担当が新設され，国際協力課（国際協力・国際交流・国際会議担当）へと統合された。2019年に「都市外交政策課」となった。

(4) 姉妹友好都市の交流は「下関市総合政策部国際課」と「釜山広域市都市外交政策課」であるのに対して，朝鮮通信使事業の場合は，下関市「観光スポーツ文化部・文化振興課」（2017年までは市民文化課）と釜山文化財団となっている。

(5) ここでの日韓海峡沿岸県市道交流知事会議については，ホームページに載っている資料をもとに記述した（https://japan-korea-strait8.org/2019年5月1日閲覧）。

【引用・参考文献】

岩下明裕編，2012，『日本の「国境問題」現場から考える』〔別冊『環』⑲〕藤原書店

毛受敏浩，2018，『姉妹都市の挑戦―国際交流は外交を超えるか』明石書店

羽貝正美・大津浩編，1994，『環日本海叢書2　自治体外交の挑戦』有信堂高文社

佐藤智子，2011，『自治体の姉妹都市交流』明石書店

和田清美・魯ゼウォン，2018，「地方中核市の地域再生―山口県下関市の事例研究②―」『都市政策研究』首都大学東京都市教養学部都市政策コース，12：1-30

第5章

現代に蘇る朝鮮通信使と「下関」

1　江戸時代の朝鮮通信使と「下関」

　2001年8月下旬，赤間神社前の公園の一角に「朝鮮通信使上陸淹留之地」と刻んだ石碑が建立された。下関が江戸時代に朝鮮通使の寄港地であったことを示す貴重な石碑である（写真5-1参照）。

　朝鮮通信使は，豊臣秀吉の朝鮮侵攻により途絶えていた両国間の国交が徳川幕府との間に再開されることになり，国書の交換を目的に日本に派遣された使節団である[1]。使節の報告記録書によると，「朝鮮通信使」の来訪は，1607年の第1回から12回であった。使節団は三使（正史，副使，従事官）を始め総勢400人から500人にも達し，漢城（ソウル）から釜山へ，釜山から海路で対馬に上陸し，対馬・壱岐を経て筑前の藍島（相島）にいたり，小倉藩に海上警護され下関海峡の巌流島付近で長州藩に引き継がれ，ここ赤間関（現在の下関）の沖に着き，この石碑の前の海岸から上陸した。本土上陸への最初の地は赤間関であった。

　上陸した朝鮮通使は，阿弥陀寺と引接寺に分かれて滞在した。明治初年に廃寺になった阿弥陀寺は，1873（明治5）年に，現在の官弊大社・赤間神宮と改称された。赤間関への来訪は，最後の来訪が対馬での応対であったため，これを除く11回，赤間関に必ず立ち寄ったことが明らかになっている（下関市市史編修委員会編　2009）。

　赤間関の滞在後，ここから一行は，瀬戸内海を経て，大阪で下船し，淀川で川船に乗り換え，淀から朝鮮街道，美濃路，東海道と陸路を進み，江戸，日光

（3回のみ）までの行程で，往復8カ月から1年をかけた長い旅路であった。阿弥陀寺では，朝鮮通信使及び随員と長州藩学者による学術交流が盛んに行われ，両国の関係が安定すると，文化交流が盛んになっていく。三使はもちろんであるが，随員のなかの朝鮮国を代表する儒学者，医官，画家などとの交流が盛んになっていったという。

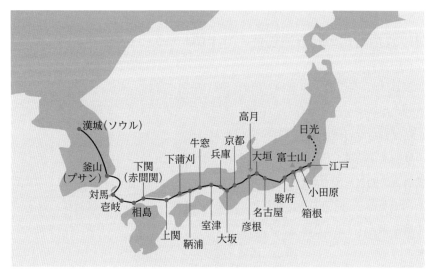

図5-1 朝鮮通信使の行程
出典：下関市立歴史博物館 2018：14

　ところで，2017年10月31日，日韓両国の民間団体により共同申請された「朝鮮通信使に関する記録」が，ユネスコ（国連教育科学文化機関）の世界記憶遺産（世界の記憶）に登録された。登録対象資料は，1607年から1811年までの計12回，朝鮮国王が国書の交換を目的に，日本国に派遣した外国使節団に関する資料111点，333件である。これだけの規模と時間を要した朝鮮通信使に関する12回の記録は豊富な内容をもち，申請にあたっては外交記録，旅程の記録，文化交流の記録として分類されている。下関市に所在するユネスコ世界記憶遺産登録資料は，5件10点あり，阿弥陀寺を継承した赤間神社と下

表 5 - 1　朝鮮通信使　使行一覧

回	年代	朝鮮時代	朝鮮正使	総人数	使命（訪問地）	編纂物（著者）
1	1607年（慶長12年）徳川秀忠	宣祖40年	呂祐吉	467人	回答兼刷還使修好（駿府で家康を表敬）	海槎録（慶暹）
2	1617年（元和3年）徳川秀忠	光海君9年	呉允謙	128人	回答兼刷還使大坂平定祝賀（京都伏見城で聘礼）	扶桑録（李景稷）東槎上目録（呉允謙）
3	1624年（寛永元年）徳川家光	仁祖2年	鄭岦	300人	回答兼刷還使将軍襲職祝賀	東槎録（姜弘重）
4	1636年（寛永13年）徳川家光	仁祖14年	任絖	475人	以後「通信使」泰平祝賀（日光山訪問）	丙子日本日記（任絖）海槎録（金世濂）東槎録（黄㦿）
5	1643年（寛永20年）徳川家光	仁祖21年	尹順之	462人	将軍嗣子（家綱）誕生祝賀（日光山訪問）	海槎録（申濡）東槎録（趙絅）癸未東槎録
6	1655年（明暦元年）徳川家綱	孝宗6年	趙珩	488人	将軍襲職祝賀家光霊廟致祭（日光山訪問）	扶桑録（南竜翼）
7	1682年（天和2年）徳川綱吉	粛宗8年	尹趾完	475人	将軍襲職祝賀	東槎目録（金指南）東槎録（洪禹載）
8	1711年（正徳元年）徳川家宣	粛宗37年	趙泰億	500人	将軍襲職祝賀	東槎録（金顕門）
9	1719年（享保4年）徳川吉宗	粛宗45年	洪致中	479人	将軍襲職祝賀	海槎目録（洪致中）海遊録（申維翰）扶桑紀行（鄭后僑）
10	1748年（寛延元年）徳川家重	英祖24年	洪啓禧	475人	将軍襲職祝賀	日本日記奉使日本時聞見録（曺命采）
11	1764年（明和元年）徳川家治	英祖40年	趙曮	472人	将軍襲職祝賀	海槎日記（趙曮）
12	1811年（文化8年）徳川家斉	純祖11年	金履喬	336人	将軍襲職祝賀（対馬易地聘礼）	辛未通信日録（金履喬）島遊録（金善臣）

出典：下関市立歴史博物館　2018：13及び李進熙　1992：32により作成

　関市立歴史博物館にみることができる。ユネスコの世界記憶遺産の申請には，日韓の民間団体である「釜山文化財団」（釜山市）と「朝鮮通信使縁地連絡協議会」（対馬市）が，2014年から両組織内に推進委員会を設置し，両委員会が

共同で申請に向けた検討作業を進め実現した。

　ユネスコの世界記憶遺産の申請にいたるまでには，歴史に埋もれていた「朝鮮通信使」を地域の歴史文化遺産として掘りおこしが，1970年代後半から始まった。この間，実に40年の歳月を要した。全国の「朝鮮通信使」にゆかりある都市・地域では，現在，市民団体や自治体によって様々な取り組みと都市・地域間の交流がすすめられている。冒頭で紹介した赤間神社前の公園にある「朝鮮通信使上陸淹留之地」の石碑建立もそうした動きのひとつである。

　本章は，下関市の貴重な歴史文化遺産である「朝鮮通信使」にスポットをあて，下関市における取り組みの展開と実態を主題とする。その前に，まず，「朝鮮通信使」の歴史文化遺産の掘り起こしが日本各地で始まった1970年代後半からユネスコ登録にいたるまでの，現代に蘇る「朝鮮通信使」をめぐる日韓の都市・地域の動きを述べ，その意味を明らかにする。その上で，下関市の取り組みの展開と実態を紹介する。

2　ユネスコ「世界記憶遺産」登録までの道程

(1)　歴史ドキュメントフィルム『江戸時代の朝鮮通信使』の公開（1979年）

　「朝鮮通信使の記録」のユネスコ「世界記憶遺産」の申請には，その前提として日韓両国における「朝鮮通信使」に関連する歴史文化資料や遺産の掘り起こしが不可欠である。1980年代以前は，中村栄孝による「日朝関係史の研究」（全三巻，1969年）を始めとする研究者による学術研究や郷土史家の間で進められてきており[2]，その中には朝鮮通信使にゆかりのある市町村史に断片的に残る資料や絵図・絵巻を含んでいる。たとえば，ここでいくつか紹介すると，大垣市竹島町の朝鮮山車付属品44点が，1979年6月7日，岐阜県重要文化財に指定されている。広島県呉市下蒲刈町では，1977年11月に「朝鮮通信使と蒲刈」なるブックレットが発刊されている。

　こうした市町村史に断片的に残る資料や絵図・絵巻を訪ねて制作された歴史

ドキュメントフィルム『江戸時代の朝鮮通信使』（監督：滝沢林三）が1979年
6月公開された。在日二世の朝鮮通信使研究者の辛基秀氏のプロデュースに
よるものであり，このドキュメントフィルム映画は日本各地で上映され，研究
者の講演をセットにした斬新的なものであった（辛基秀　1979）。その反響は
大きく，毎日映画コンクール2位，キネマ旬報文化映画ベストテン4位を受
賞するなど，江戸時代の「朝鮮通信使」を広く世に知らしめ，その後の展開の
先導的役割を担っていった。後述する対馬市での「朝鮮通信使」の再現行列の
実施は，このドキュメント映画が対馬市で上演され，それを観たことがきっか
けであったという。これを契機に地域の文化歴史遺産としての「朝鮮通信使」
の掘り起こしが，朝鮮通信使にゆかりのある地域を中心に拡がり，文化財の認
定や博物館での「展覧会」の開催が始まっていく。

　1985年10月29日から12月1日まで，東京国立博物館主催の「特別展観：
朝鮮通信使―近世二百年の日韓交流―」が開催された。通信行列絵図をはじめ
75点が公開された。この展示品とほぼ同じ内容の「朝鮮時代通信使展」が
1986年8月，韓国国立中央博物館で開催された。これに続いて1987年には和
歌山市立博物館「朝鮮通信使と紀州」資料展，1989年には下関市長府博物館
「朝鮮通信使―その軌跡と防長における文化交流―」，などが開催されている
（李元植　1997）。

(2)　「地域の文化歴史資源」としての「朝鮮通信使」の再発見： 1980年代

　こうした中，その後の「朝鮮通信使」の掘りおこしや拡がりの展開に大きな
役割を担ったのが，長崎県対馬市の「朝鮮通信使行列」の再現である。対馬市
は，朝鮮通信使の日本での最初の寄港地であり，江戸時代の朝鮮との外交の窓
口であった。1980年2月対馬市において辛基秀氏プロデュースのドキュメン
タリーフィルム「江戸時代の朝鮮通使」が上映され，これを観た対馬市の庄野
晃三郎氏は対馬市における「朝鮮通信使」の文化歴史的価値を再発見し，これ
を「島おこし」を取り入れようと考えた。庄野晃三郎氏は，「李朝通信使行列

振興会」（1989年「朝鮮通信使行列振興会」に改称）を結成し，私財を投じて衣装類を整え，同年8月の「厳原港まつり」において「朝鮮通信使行列」を再現した。翌年以降も「厳原港まつり」には，「朝鮮通信使」の再現行列が組み入れられていった。「李朝通信使行列振興会」の初代会長を務めた庄野晃三郎氏は，1985年急逝したが，子息の庄野伸十郎氏が，二代目会長を引き継ぎ，親子二代にわたって，行列の再現に尽力した。1988年には，まつりの名称も「アリラン祭り」へと改称されるほど定着していった（松原　2014，村上2014）。

　「アリラン祭り」の名称は25年間続いたが，対馬での韓国人による仏像盗難事件の余波を受けて一度は「朝鮮通信使再現行列」が中止となった。しかし，2014年には再び「厳原港まつり」へと名称が戻され，「朝鮮通信使再現行列」は実施するにいたった。「朝鮮通信使再現行列」は「厳原港まつり」のメインイベントであることは変わりない。毎年の「朝鮮通信使再現行列」には，韓国釜山市の芸能団の参加があり，「朝鮮通信使再現行列」を介した文化交流，都市間交流が実現している。

　この対馬市の「朝鮮通信使再現行列」の取り組みは，1990年代以降，全国の朝鮮通信使ゆかりの都市・地域を中心に拡がっていく。

(3) 「都市交流資源」としての「朝鮮通信使」への展開：1990年代

　1990年5月，韓国の盧泰愚大統領が来日し，宮中晩餐会や国会演説でのスピーチにおいて，朝鮮通信使や雨森芳洲，対馬藩についてふれたことを契機として，対馬のこの固有の歴史遺産の島外への発信活動が取り組まれるようになっていく。ここに松原一征氏が登場する。

　松原氏は，同年6月に「対馬芳洲会」（会長：永留久恵）を立ち上げる。その活動のひとつが，「日韓交流史記念碑建立事業」である。対馬藩の儒学者であり，外交官であった雨森芳洲は，その生涯をとおして朝鮮外交に携わった。その精神が「誠信の交わり」であった。その後も，「日韓交流史記念顕彰碑」の建立事業は続いていく。この「対馬芳洲会」の呼び掛けに応じて，釜山の姜

南周先生（当時国立釜慶大学総長）が中心となって，「韓日文化研究会（のち
に北東アジア文化学会）を発足させ，対馬との文化学術交流を相互に行ってき
た。これが後の対馬・韓国との朝鮮通信使縁地間交流事業に繋がっていく（松
原　2014）。

　その一方で，松原氏は，1991年6月，「朝鮮通信使縁地交流実行委員会」
を結成した。日本各地のゆかりの地を訪れ，交流を呼び掛ける活動を続けた。
その結果，ついに1995年に「朝鮮通信使縁地連絡協議会」（以下は，縁地連，
2014年NPO法人取得）が設立される。その目的は，朝鮮通信使にゆかりのあ
る自治体間の交流と連携，並びに日韓両国の友好交流の促進である。代表には，
団体設立の推進役であった松原一征（対馬市）が就任し，副会長には，雨森芳
洲の出身地である滋賀県高月町（現長浜市）と岡山県牛窓町（現瀬戸内市）か
らそれぞれ1名が選ばれた。設立当初は21の市町，10の市民団体から構成さ
れていたが，2019年3月末の加盟自治体は19市，市民団体は73，個人会員は
105名を数える（「縁地連だより」No22，2019年3月23日）。毎年開催される縁
地連総会ならびに全国交流集会は，2019年度26回目を迎える。2019年度は
滋賀県長浜市において開催された。なお，これまでの開催地は表5－2のと
おりである。

　1995年の「朝鮮通信使縁地連絡協議会」の設立を契機として，加盟した21
の市町を中心に，「朝鮮通信使」に関する様々な取り組みが展開していく。こ
こですべてを紹介することはできないが，たとえば，呉市下蒲刈町では，
1994年に松濤館（御馳走一番館）が建設され，当町が保有する朝鮮通信使に
関する資料が展示されるようになり，朝鮮通信使行列は，2003年から実施さ
れている。また，同年10月には，「朝鮮通信使遺跡」として，福山市鞆の浦町
の「鞆福禅寺境内」，瀬戸内市牛窓町の「牛窓本蓮寺境内」，静岡市興津町の
「興津清見寺境内」の3つを，国史跡とする官報告示がされた。これらの地区
では，いずれも朝鮮通信使の再現行列が実施されている。なお，瀬戸内市牛窓
町では，1988年に「朝鮮通信使資料館（現牛窓海遊館）」が開設され，1991
年にはじめて朝鮮通信使行列が行われ，その後も毎年行われている。

表5-2　全国交流集会開催地

	開催時期	開催地
第1回	1995年（平成7年）11月	長崎県厳原町（現対馬市）
第2回	1996年（平成8年）11月	山口県下関市
第3回	1997年（平成9年）11月	広島県福山市
第4回	1998年（平成10年）11月	滋賀県高月町（現長浜市）
第5回	1999年（平成11年）11月	長崎県厳原町（現対馬市）
第6回	2000年（平成12年）11月	岡山県牛窓町（現瀬戸内市）
第7回	2001年（平成13年）11月	兵庫県御町（現たつの市）
第8回	2002年（平成14年）10月	滋賀県近江八幡市
第9回	2003年（平成15年）9月	韓国釜山広域市
第10回	2004年（平成16年）11月	長崎県対馬市
第11回	2005年（平成17年）11月	岐阜県大垣市
第12回	2006年（平成18年）10月	広島県呉市
第13回	2007年（平成19年）5月	静岡県静岡市
第14回	2007年（平成19年）10月	滋賀県彦根市
第15回	2008年（平成20年）8月	山口県下関市
第16回	2009年（平成21年）10月	滋賀県高月町（現長浜市）
第17回	2010年（平成22年）11月	福岡県新宮町
第18回	2011年（平成23年）11月	長崎県対馬市
第19回	2012年（平成24年）5月	韓国釜山広域市
第20回	2013年（平成25年）11月	岡山県瀬戸内市
第21回	2014年（平成26年）11月	埼玉県川越市
第22回	2015年（平成27年）11月	岐阜県大垣市
第23回	2017年（平成29年）3月	広島県福山市
第24回	2017年（平成29年）11月	京都府京都市
第25回	2018年（平成30年）11月	山口県上関市
第26回	2019年（令和元年）11月	滋賀県長浜市
第27回	2020年（令和2年）5月（予定）	韓国釜山広域市（仮）

出典：「令和元年（2019）度NPO法人朝鮮通信使連絡協議会総会」資料をもとに作成

⑷　「日韓文化交流資源」として「朝鮮通信使」への展開：2000年代

　縁地連の設立により国内の朝鮮通信使のゆかりのある都市の交流が進むなかで，「朝鮮通信使」については，日韓の交流に新たな展開をみる。先述のとおり，1990年6月に設立された「対馬芳洲会」の活動の過程で，松原一征氏（縁地連会長）は，1994年に釜慶大学総長の姜南周氏と出会い，姜南周氏と共に日韓の様々な文化交流事業を進めてきていた（松原　2014）。

　2002年のサーカーワールドカップ日韓開催を追い風に，姜南周氏の尽力により，同年釜山市に「朝鮮通信使文化事業会」が設立された[3]。2003年には，第1回の「朝鮮通信使祭り」が開催され，以来毎年5月には「朝鮮通信使祝祭」（5月）が開催され，そのメインイベントに「朝鮮通信使再現行列」がある。「朝鮮通信使祝祭」には，毎年2000名の参加があるという。「朝鮮通信使再現行列」が行われる中区龍頭公園界隈は，対馬の朝鮮貿易の拠点であった「倭館」がおかれた場所である。

　「朝鮮通信使文化事業会」の朝鮮通信使の事業は，2010年に釜山広域市の傘下団体である「釜山文化財団」に移行された。「釜山文化財団」の理事長には，姜南周氏が就任した。姜南周氏は，「朝鮮通信使祝祭」を釜山市の「地域ブランド」として位置づけ，「地域祝祭」のひとつとして展開させた人物である。2012年5月には，「朝鮮通信使ゆかりのまち全国交流会大会」が釜山市で開催され，ここに，「朝鮮通信使」をとおした日韓の文化交流が実現したのである。「釜山文化財団」では，日韓のネットワーク事業として，毎年，① 釜山市の朝鮮通信使祝祭（5月），② 対馬市の厳原港まつり（8月：行列再現，国書交換式，芸術団公演），③ 下関市の馬関祭り（8月：行列再現，国書交換式，日韓文化交流公演，広報ブース運営），④ 静岡市での静岡祭り（11月：行列再現，日韓文化交流公演等）の事業実施並びに事業参加している。とくに，姉妹都市である下関市の朝鮮通信使の再現行列には，「釜山文化財団」より運営スタッフが派遣され，行列再現を支援している（釜山文化財団　2018）。

⑸ 「日韓の都市間連携の資源」としての「朝鮮通信使」への展開：2010年代

前述のように，1995年の対馬市に拠点を置く「縁地連」の設立及び2002年の釜山市の「朝鮮通信使文化事業会」（現釜山文化財団）の設立により，ユネスコ「世界記憶遺産」への日韓共同申請に向けた基盤が整ったことになる。ユネスコ「世界記憶遺産」登録申請の提案は，前述の2012年5月の釜山市で開催された「朝鮮通信使ゆかりのまち釜山大会」を兼ねた「朝鮮通信使祝祭」の折であった。それを受け，同年10月，に「ユネスコ登録実現の道をさぐる特別講演会」を対馬市で開催した。また，釜山市でも国際シンポジウムが開催された。縁地連では，日本国内での取り組みを具体的に進めるため，同年11月に京都市で「朝鮮通信使縁地連絡協議会臨時総会」を開催して，本事業の推進を決議した。

本事業の推進にあたって，縁地連が推進主体となるためにNPO法人を取得した上で，2014年5月に縁地連内に「朝鮮通信使ユネスコ記憶遺産日本推進部会」を設置した。部会長は，松原一征縁地連理事長が就任した。推進部会には，最終的に13の市町（対馬市，壱岐市，下関市，上関町，呉市，福山市，瀬戸内市，京都市，近江八幡市，長浜市，名古屋市，静岡市，日光市），4つの県（長崎県，福岡県，山口県，滋賀県），3つの民間団体（朝鮮通信使対馬顕彰事業会（対馬市），＜公財＞蘭島文化振興財団（呉市），芳洲会（長浜市））が加わった。また，推進部会の諮問機関として，同年6月に日本学術委員会が設置された。

韓国側でも，釜山文化財団により推進委員会が組織されるとともに，その下に11名の委員からなる学術委員会が設置された。委員長には，姜南周氏（前金慶大学総長）が就任した（姜・仲尾　2017）。

両国の学術委員会では，それぞれの国の朝鮮通信使関連資料の調査を行った上で，これを審査し，登録資料を選定するとともに，申請書案を作成した。また，共同学術会議を開催して，選定資料の相互審査と申請書案の摺り合わせを行った。日本学術委員会は10回，共同学術会議は11回開催し，双方の登録資

料の合意を得，申請書の成案を得た。2016年年 3 月30日にフランスのパリに
あるユネスコ本部に申請書を提出した。2017年10月31日（パリ：現地時間10
月30日），世界記憶遺産に登録されたのであった。

　「朝鮮通信使に関する記録」の登録資料は，111件333点である。これらの
資料は，その内容から外交記録，旅程の記録，文化交流の記録に分類された。
その内訳が，外交記録が 5 件51点，旅程の記録は，65件136点，文化交流の
記録は，41件146点となっている。

　日本学術委員会委員長の仲尾宏によれば，「外交記録は，朝鮮と日本の国家
機関で作成された公式記録や外交文書」であり，具体的には，「朝鮮国書や通
信使騰録」がこれにあたるという。「旅程の記録」は，「通信使の具体的な様相
や通信使に対する日本人の対応など」を記録したものであり，具体的には「使
行録，通信使を応接した各藩の供応記録，通信使の行列図や船団図などの記録
画」がこれにあたるという。文化交流の記録は，「通信使と日本の各階層の間
で行われた学術交流の成果，来日中に芽生えた信頼関係を証する記録など」で
あり，具体的には通信使の詩文，筆談唱和などの記録など」となっている（中

表 5 - 3　登録資料数

登録対象資料		111件　333点	所蔵先：34機関 3 個人
外交記録		5件　51点	〃
旅程の記録		65件　136点	〃
文化交流の記録		41件　146点	〃
韓国所在資料		63件　124点	所蔵先： 9 機関
〃	外交記録	2件　32点	〃
〃	旅程の記録	38件　67点	〃
〃	文化交流の記録	23件　25点	〃
日本所在資料		48件　209点	所蔵先：25機関 3 個人
〃	外交記録	3件　19点	〃
〃	旅程の記録	27件　69点	〃
〃	文化交流の記録	18件　121点	〃

出典：中尾・町田　2017：18より作成

尾・町田　2017：17）。この３つの分類は，「朝鮮通信使」がもつ歴史的意義を
示している。

　これら資料は，韓国側では63件124点で，旅程の記録が多くなっている。
一方，日本側では，48件209点で，文化交流の記録が圧倒的に多い。鎖国時
代の当時の日本人が，外国文化をいかに求めていたかを読み取ることができ，
あらためて日本近世史において朝鮮通信使が文化交流に果たした役割の大きさ
を認識させられる。

(6)　日韓の都市間連携の時代へ：2020年代

　以上のように，ユネスコ「世界記憶遺産」への日韓共同申請作業をとおして，
日韓の都市・地域が，それまでの「交流」の段階から，「連携」の段階に入っ
たと，筆者らは分析している。「朝鮮通信使」が文化歴史遺産であることは，
日韓のいずれの都市・地域においてもその根本にある認識であるといえよう。
2020年代は「朝鮮通信使」をとおした文化を始めとした「交流」をさらに一
歩すすめ，目標達成を目指して相互に協力しあい何物かを産み出していく「連
携」の方向性が求められる。ユネスコ「世界記憶遺産」への日韓の共同申請は，
日韓都市・地域の関係が「交流」から「連携」の段階に入ったこと証左してい
ると考えるからである。こうした方向性は1980年に対馬市で始まり各地で拡
がりをみせている「朝鮮通信使再現行列」にも見てとることができる。たとえ
ば，2019年度に実施された「朝鮮通信使」の再現行列をみると，韓国釜山市
では「2019朝鮮通信使祭り」において（５月３日〜７日），対馬市では「対馬
厳原港まつり」において（８月４日），下関市では「下関馬関まつり」におい
て（８月25日），京都市では，「朝鮮通信使行列再現」として（10月６日），静
岡市興津地区では「興津フェア」において（10月13日），呉市下蒲刈町では
「朝鮮通信使行列再現」として（10月20日），瀬戸内市牛窓町では，「瀬戸内牛
窓国際交流フェスタ」において（11月３日），川越市では，「川越唐人揃い」と
して（11月10日），それぞれ実施されている。2018年度は，大垣市では，「市
政100周年記念事業」として朝鮮通信使再現行列が開催され，兵庫県たつの市

では，ユネスコ「世界記憶」遺産登録 1 周年を記念事業として，室戸地区で朝鮮通信使再現行列が実施され，山口県上関町では，「第25回朝鮮通信使全国交流上関大会」において朝鮮通信使再現行列が実施された。また，呉市下蒲刈町では，2019年度に御馳走一番館開館25周年記展として，「朝鮮通信使―江戸時代の国際交流―」（10月 2 日～11月11日），福山市鞆町では，「21世紀の朝鮮通使　日韓トップ囲碁対極・鞆」（10月 2 日～ 3 日，会場：福善寺対潮楼，鞆の浦歴史民族資料館，他）が開催されている。

　次節で検証する「下関市の朝鮮通信使および再現行列」の事業・取り組みでは，日韓の都市・地域間および日本国内の都市・地域間での相互の参画，協力が実践されている。また，「朝鮮通信使再現行列」の運営実行主体は都市・地域ごとに違いはみられるものの，在日本大韓民国民団や市民団体など多様な団体の協力関係が築かれており，そうした中から新しい団体との関係が生まれてきている。つまり，「朝鮮通信使」及び「朝鮮通信使再現行列」には，国内外の都市，団体，個人との連携が実態化しているといえよう。

3　下関市における「朝鮮通信使」

　2019年，日韓関係が悪化するなか，下関市の朝鮮通信使の行列再現が実施されるかどうかが危ぶまれたが，釜山文化財団と下関市文化振興財団の 2 つの団体が全面に出て，民間交流として実現された。下関市の行列再現が実現できたのは，行列が始まった2004年から2019年までの15年間，多様な主体が関わってきたために他ならない。以下，朝鮮通信使行列の主体として，① 下関市，② 民団山口，③ 市民団体，④ 釜山市の 4 つを取り上げ，朝鮮通信使の行列再現との関連を考察する。

(1)　下関市における朝鮮通信使の取り組み

　下関市の朝鮮通信使事業は，① 展覧会の開催（1989年，1996年，2008年），② 朝鮮通信使資料の収集，③「縁地連」への加入（1995年），④ 朝鮮通信使

関連イベントの開催（2002年），⑤ 記念碑の建立（2001年）の５つがあげられる（町田　2017）。

　まず下関市の朝鮮通信使事業は，朝鮮通信使を市民に知らせる展覧会の開催からスタートした。市立長府博物館において，1989年には「朝鮮通信使―その足跡と防長における文化交流」，1996年には「東アジアのなかの下関―近世下関の対外交渉」と題した展覧会，また2008年下関市立美術館において企画展「朝鮮通信使と下関」が次々と開催されたのである。一連の展覧会の企画に関わったのは，町田一仁氏だ。氏は市立長府博物館を拠点に，下関市の朝鮮通信使関係資料の収集を行ってきた人物である。

　次に，1995年に下関市は「朝鮮通信使縁地連絡協議会」に設立メンバーとして加入し，本格的に朝鮮通信使事業に取り組み，翌1996年には，「第２回朝鮮通信使ゆかりのまち全国大会」を下関で開催した。

　2002年のサッカーワールードカップ日韓共催を契機に，友好的なイベントが行われた。「JAPAN―KOREA 市民交流フェスティバル in 下関・朝鮮通信使全国縦断リレー」という朝鮮通信使関連のイベントである朝鮮通信使リレーは，在日コリアンが定着した「グリーンモール商店街」を通ったという。2003年，釜山市の「朝鮮通信使祝祭」に下関市から行政担当者と民間団体が参加し，朝鮮通信使事業の交流が始まった。また，2004年には，下関市の馬関まつりの期間中に朝鮮通信使行列を取り入れられた。この点について，町田氏は，「何万人もの市民たちが朝鮮通信使行列を見て，朝鮮通信使を認識するようになった」とその意義を述べた（2017.12.22）。

　さらに，下関市は，2012年に釜山文化財団より提案された「朝鮮通信使ユネスコ世界記憶遺産登録遺産」の申請に賛同し，「朝鮮通信使ユネスコ世界記憶遺産日本推進部会」に設立メンバーとして参画するようになった。そして2014年に下関市で第１回の日韓共同推進会議が開催された。2016年にユネスコ委員会へ申請書が提出され，2017年にユネスコ「記憶の遺産」登録が決まった。その際，下関市所在の朝鮮通信使資料５件10点が含まれていた。

　このように下関市の朝鮮通信使事業は，1990年代に地元が主体的になって

展開され，2000年代になると，日韓友好の流れに伴って，下関と釜山の交流
へと拡大していった。

表 5 - 4　下関市における朝鮮通信使事業の取り組み

年	朝鮮通信使事業
1989年	特別展「朝鮮通信使―その足跡と防長における文化交流」 （会期：10月21日～11月26日，下関市立長府博物館）観覧者約3,500人
1995年	「朝鮮通信使縁地連絡協議会」加入
1996年	縁地連「第2回朝鮮通信使ゆかりのまち全国交流会下関大会」開催（来場者約500人）大会テーマ「朝鮮通信使と下関―朝鮮通信使に未来が見える」，シンポジウム開催
2001年	阿弥陀寺公園「朝鮮通信使上陸淹留之地記念碑」建立
2002年	「JAPAN-KOREA 市民交流フェスティバル in 下関・朝鮮通信使全国縦断リレーイベント」開催，サッカーワールドカップ日韓共催
2003年	第1回の釜山の朝鮮通信使まつりに下関から参加
2004年	馬関まつりの期間中に朝鮮通信使の行列再現
2007年	朝鮮通信使400周年記念事業の「おもてなし料理再現」「衣装制作再現」実施
2008年	企画展「朝鮮通信使と下関」（会期：8月19日～8月30日，下関市立美術館，企画立案は下関市立長府博物館）観覧者約2,700人 縁地連「第15回朝鮮通信使ゆかりのまち全国交流会下関大会」開催
2014年	朝鮮通信使ユネスコ世界記憶遺産登録遺産申請に賛同し，縁地連遺産日本推進部会に設立メンバーとして参画―下関市所在の朝鮮通信使資料5件10点が申請資料に含まれる。
2016年	下関と釜山の姉妹都市締結40周年（釜山広域市市長が正史役として参加） 「朝鮮通信使に関する記録」ユネスコ世界記憶遺産登録申請
2017年	「朝鮮通信使に関する記録」ユネスコ「世界の記憶」登録

出典：①『朝鮮通信使地域史研究―活動報告―』第二号別冊（2017年11月）NPO 縁地連朝鮮通信使関係地域史研究部会発行，②下関市役所・文化振興課より頂いた資料をもとに整理した。

(2)　記念碑の建立と「山口県日韓親善協会連合会」

　2001年，江戸時代に朝鮮通信使が上陸した付近の阿弥陀寺公園に「朝鮮通信使上陸淹留之地記念碑」という記念碑が建立された。推進役は，「山口県日韓親善協会連合会」である。「山口県日韓親善協会連合会」は，1961年に設立

されてから，無縁仏の母国埋葬事業など日韓の懸案活動を展開してきた団体であり，その特徴は，議員等の政治家をも含まれている点にある。

　1990年代になって，下関市では，展覧会の開催や朝鮮通信使事業が進められるようになった。当時，下関市内には，朝鮮通信使にちなむ記念碑や説明板がなかった。一方で，1996年の「縁地連」の第2回全国大会が下関で開催された時に，対馬には「朝鮮通信使之碑」が建立されたことが知られ，せめて下関にも説明板の設置が必要ではないかという意見があった[4]。そこで，2001年の下関・釜山の姉妹都市締結25周年および2002年のサッカーW杯を記念し，「山口県日韓親善協会連合会」が中心となって下関在住の経済・文化関係者，在日民団の賛同を得て，2001年10月に，「記念碑建立期成会」を発足し，募金活動が行われた。記念碑の具体的な作業は，下関市との協議のうえ進められたという。記念碑に使用されているのは，韓国京畿道の御影石だ。当時，韓国に記念碑の石を買いにいった役員は，「関釜フェリーは無償で記念碑の石を運搬してくれた」と記念碑建立への好意的な様子を語った。また，韓国の元国務総理であった金鍾泌[5]氏に，記念碑に「朝鮮通信使上陸淹留之地記念碑」という字を書いてもらうことを要請したという（2019.8.17）。

　2001年8月25日の記念碑の除幕式には，韓国から金鍾泌氏を始め，日韓の政治家が多く出席した。その際，朝鮮通信使研究の第1人者である辛基秀氏の記念講演も併せて行われた。下関市の「朝鮮通信使淹留記念碑」は，1950年代に日韓のパイプ役を果たした在日民団の存在，1960年代から下関市を拠点とする「山口県日韓親善協会連合会」の日韓交流活動から派生したものであり，この点で「日韓交流のシンボル」の意味をもつ。

(3)　下関市における「朝鮮通信使行列再現」

　2004年より，下関市の夏祭りである「馬関まつり」の期間中に朝鮮通信使の行列再現が，釜山市との連携で行われている。釜山文化財団の協力により，約100名規模の運営スタッフと市民参加者が衣装と道具を持参している。行列参加者数は，平均で約200名で，内訳はおおよそ釜山100名，下関100名だ。

2007年の「朝鮮通信使400周年」では参加者400名，2008年の縁地連の「全国交流会下関大会」は300名であった。また，釜山市から，朝鮮通信使行列再現へのスタッフ派遣とともに，馬関まつり中に行われる「日韓文化交流公演」に芸術公演団の派遣も行われている。

　下関，釜山の両市は，朝鮮通信使交流の経費を，対等に約１千万円ずつ計上しているという。担当部署としては，釜山市の「釜山文化財団」，下関市の観光スポーツ文化部文化振興課と「下関市文化振興財団」だ。下関市の文化振興課は，釜山との連絡や予算の確保，事業内容の決定，再現行列参加者募集等，下関市文化振興財団は，主に行列再現の進行に関わる業務（釜山市スタッフの食事の手配等）を行う。なお同財団は，「日韓文化交流公演」が行われる「下関市民会館」を指定管理する外郭団体である。

　2004年に開始された下関市の行列再現は，2019年で15回目となった。その特徴は，釜山市との連携で行う行列の規模が，日本の朝鮮通信使行列再現のなかで最も大きいところにある。この点について，釜山文化財団の担当者は，「下関市の江島潔市長より馬関まつりの期間中に朝鮮通信使行列を再現してほしいとの要請があり，1990年代から朝鮮通信使の展覧会を企画してきた町田氏の尽力，そして釜山市の姉妹友好都市である下関市は特別な意味があるからだ」と説明する（2019.9.9）。さらに，釜山市が朝鮮通信使を釜山市独自の資源として捉え，地域祝祭として発展させようとてしていることも指摘しなければならない。なお，「朝鮮通信使PRブースの設置」「朝鮮通信使衣装の展示」「おもてなし料理再現」等も併せて行われている。

⑷　下関市における「朝鮮通信使おもてなし料理再現」

　下関市は，2007年の「朝鮮通信使400周年記念しものせき馬関まつり参加事業」として，「おもてなし料理再現」「衣装制作披露」の２つのイベントを企画することとなった。そのなかでとくに「おもてなし料理再現」は，朝鮮通信使事業が食文化の交流へと広がったものとして注目される。

　下関では，江戸時代に1811年の対馬での易地聘礼を除く，11回の朝鮮通信

使の迎接を行っている。そのなかで，1711年に朝鮮通信使への迎接において，朝鮮通信使は饗応料理を「長門下之関御馳走一番」と高く評価した。これに着目し，下関市は地元の料亭の協力を得て，1711年の饗応料理である「五五三膳」「三汁十五采（引替膳）」を再現した。再現料理の試食会を行い，内容を検討委員会で協議した後，完成したものを展示したのである。2017年に山口県で催された「第26回日韓海峡沿岸県市道交流知事会議」では，朝鮮通信使に提供された下関市のおもてなし料理の一部が再現され，昼食として供された。山口県にとって，下関市のもつ朝鮮通信使の歴史文化交流は，韓国との交流に有効であることは間違いない。

　2017年のユネスコ登録を機に，2018年に「朝鮮通信使饗応料理　味の再現」企画が実施されるようになる。下関市の料理旅館にて長州藩が朝鮮通信使にもてなした饗応料理を再現して，みんなで味わう企画だ。中心となったのは，韓国との芸術文化交流を行う「リバーリング・プロジェクト」で，当日は，ユネスコの申請に関わった下関市立歴史博物館長の町田氏が，朝鮮通信使の料理を解説し，約50名の市民が饗応料理を味わったという（朝日新聞朝刊山口・地方面2018.12.3）。

　下関市の「おもてなし料理再現」は，朝鮮通信使が多方面の交流へと拡がっていくことを表している。

(5)　朝鮮通信使と「在日コリアン」

　では，下関市の在日コリアンは，朝鮮通信使事業にどう向き合っているのか。まず民団山口について，行列への参加があげられる。民団山口の行列参加を調べた中村八重によると，民団から行列に数人から30人の規模で参加し，日韓親善協会にも参加を呼び掛けているという（中村　2018：71）。次に，朝鮮通信使のユネスコ「世界遺産」への登録に伴って，民団山口は主体的に朝鮮通信使のイベントを催した。一例として，2017年11月に「山口県日韓親善協会連合会」と共催した「日韓親善の夕べ」というイベントがある。当日は，釜山市の朝鮮通信使事業の立役者である姜南周氏の講演会も行われた。民団の朝鮮通

信使のイベントは，姜南周氏と民団山口の団長との交流のもとで，実施されている。また民団山口は，2017年の「リトル釜山フェスタ」で，「朝鮮通信使コスプレ無料撮影会」のコーナーを設け，地域社会に朝鮮通信使を知らせた。また，2018年3月に『朝鮮通信使ユネスコ登録記念誌』という冊子の発行も行っている。こうした取り組みについて，団長団長のK氏（60歳代の男性）は，「友好の歴史をもつ朝鮮通信使を通じて，民団の存在を地域社会にアピールしたい」と語った。

　民団山口は，朝鮮通信使のユネスコ「世界の記憶」登録をきっかけとし，朝鮮通信使の行列再現を在日コリアンの地域社会への参加を支えるものと捉えているのである。

(6)　朝鮮通信使と「馬関奇兵隊」

　下関市と釜山市との朝鮮通信使の交流は，食文化から若者の文化交流へと拡がった。文化交流として，下関市を拠点とする「馬関奇兵隊」があげられる。

　「馬関奇兵隊」は，2001年に下関市商工会議所の青年部のメンバーが設立した「よさこいチーム」である。設立当時，地域活性化を目的に，下関市の歴史と文化をテーマによさこいを踊ったという。「馬関奇兵隊」の代表は40歳代男性のH氏で，下関市で自営業を営んでいる。メンバーは10代から50代までの約40名の市民であり，20歳代の女性が多い。なお，会費は月千円である。

　「馬関奇兵隊」は，2004年に韓国釜山市の「朝鮮通信使祝祭」に，下関市からの推薦団体として派遣された。その後5年続けて，釜山文化財団の招待により，釜山でよさこいを披露してきた。釜山での公演が増えるにつれて，「釜山港に帰れ」（2005年），「釜山カルメギ（カモメ）」（2006年）など，釜山の人々に馴染みのある音楽を取り入れていったという。

　2005年からは下関市国際課の要請を受け，釜山の大学生のホームステイを引き受けた。釜山の大学生とよさこいの交流を進め，2009年に「釜山奇兵隊」という姉妹団体が立ち上がった。「釜山奇兵隊」は下関の馬関まつりに参加し，「馬関奇兵隊」と合同で公演を行っている。2010年からは「釜山外国語

大学校」とも交流しているという。2018年度の活動としては，「朝鮮通信使の夕べの公演」「朝鮮通信使街頭公演」「朝鮮通信使の平和行列」「釜山よさこいレクチャー」を釜山で行ったほか，ソウルで開催された「日韓交流おまつり」，全羅南道木浦市の「朝鮮通信使船完成イベント」へと活動を広げている。下関市での活動としては，「釜山ホームステイ受け入れ」「第12回関門よさこい大会」「日韓文化交流公演」「釜山のメンバーと一緒に平家総踊り大会への参加」等があげられる。

　馬関奇兵隊は，2004年に朝鮮通信使祝祭に参加してから2019年までの15年間，日韓の若者の文化交流を持続的に担う存在だ。代表のH氏は，「釜山から招待されなくても，関釜フェリーがあるので，自費で釜山での公演が可能であり，そうしていくつもりである」と語った。馬関奇兵隊は，下関市と釜山市の朝鮮通信使事業が歴史文化の交流だけではなく，むしろ民間レベルの新たな日韓の文化交流をもたらしていることを示している。

写真 5 - 1　朝鮮通信使上陸淹留之地記念碑
（筆者撮影）

写真 5 - 2　2019年の下関市の朝鮮通信使行列再現
（筆者撮影）

写真 5 - 3　おもてなし料理再現
（下関市民会館ロビー，2019年）

4　釜山市における「朝鮮通信使事業」の展開と今後

⑴　釜山市の「文化ブラント」としての「朝鮮通信使事業」

　釜山市は，朝鮮通信使の出発地であり，帰還地であった。2002年日韓サッカーワールド大会の際には，各地で文化行事が行われたが，釜山市では，2001年の「釜山海祝祭」で朝鮮通信使行列が再現された。釜山市では，行列

再現を単発のイベントにしてしまうのはもったいないとの意見があり，定期的に催すこととなった（釜山市観光振興課Ｓ氏．2018.5.4）。2002年5月に一週間の祝祭期間を設けて行列再現を開催し，その後毎年行っている。そして行列再現の際，日本から公演団が参加し，日本との交流も併せて行われている。日本との交流を充実すべく，交流を共同事業とするようになった。2003年から釜山市は，朝鮮通信使事業として，「韓・日文化交流事業」を推進した。

「韓・日文化交流事業」は，釜山市役所に「朝鮮通信使文化事業推進委員会」（2002年～2005年）によって推進された。朝鮮通信使事業は，社団法人の「朝鮮通信使文化事業会」（2006年～2009年）を経て，2010年より「釜山文化財団」に移管された。釜山文化財団は地域文化育成の外郭団体であり，初代理事長は姜南周氏である。朝鮮通信使事業は，姜南周氏と対馬市の縁地連会長の松原氏ならびに会員との交流をベースにして，展開する点に特徴がある。

2003年にスタートした「韓・日文化交流事業」は，朝鮮通信使にゆかりのある日韓都市間の相互交流を広めていくものである。具体的には，「朝鮮通信使行列再現」「韓・日文化交流イベント」「学術シンポジウム」の3つの事業がなされた。2003年9月に，① ソウル市の昌慶宮で行われた「3使任命式」を皮切りにして，② 釜山市では，第1回の「韓・日文化交流祝祭」が開催された。祝祭の期間中には，龍頭公園界隈で行列が再現されている。また，日本から対馬（盆踊り）や下関（平家太鼓），福岡（博多美信流れ太鼓）の公演団が参加し，日本の伝統文化を披露した。朝鮮通信使の航海の無事を祈る儀式である「海神祭」も併せて行われた。釜山市はこの儀式の舞台である「永嘉台」を復元した。さらに，2011年に「永嘉台」の近くに「朝鮮通信使歴史館」を開館することとなった。③ 朝鮮通信使が通過した密陽市，忠州市，安東市，慶州市では行列再現が行われた。④ 日本への交流として，対馬のアリラン祭と岡山県瀬戸内市の牛窓エーゲ海フェスティバルに伝統公演団を派遣した。

こうした「韓・日文化交流事業」の一環として，2004年には下関の「馬関まつり」の期間中に行列再現が始まった。2007年には「朝鮮通信使400周年」を記念した祝祭行事である釜山市の「平和の行列」（5月）に，日本からの

160名の公演団が参加し，2千名が行列に参加した。さらに，下関市と静岡市，また東京都千代田区の「江戸天下祭」，京都民団主催しの「京都再現行列」，滋賀県彦根市の「日韓交流フェスタ in 彦根」等でも行列再現が行われた。

　このように，釜山市の朝鮮通信使事業は，①釜山市民が朝鮮通信使の存在を認識するようになったこと，②日本からの公演団派遣によって，日本との文化交流ができたこと，③釜山市としては，朝鮮通信使を釜山の文化を発展させる「文化ブランド」と位置づけ，釜山市の地域祝祭として活性化に成功していること，という3つの意義をもつといえるだろう。

(2)　ユネスコ「世界記憶遺産」登録と朝鮮通信使事業

　朝鮮通信使事業は，2010年に釜山文化財団に移管され，「文化遺産チーム」が担当するようになった。釜山文化財団は，2012年に日本の縁地連に対し，朝鮮通信使のユネスコ「世界記録遺産」への共同登録を提案した。2014年に釜山文化財団と縁地連は，共同登録のための組織を整えて，学術委員会で調整を行った。こうして2016年3月30日にユネスコに共同申請書が提出されると，2017年10月31日に日韓の連携のもと，ユネスコ世界記憶遺産登録は実現された。

　ユネスコ世界記憶遺産登録は，韓国における朝鮮通信使事業の拡大をもたらした。釜山文化財団は韓国国立海洋文化財研究所（全羅南道木浦市）と覚書（MOU）を締結し，朝鮮通信使船復元船をつくった。2019年の「朝鮮通信使祝祭」には，「新朝鮮通信使船」への乗船体験があったという。一方，釜山文化財団の朝鮮通信使事業は，大きく韓・日文化交流事業と新朝鮮通信使事業に区分されているが，2019年の事業をみると，いずれも日本の都市との交流・連携であることがわかる。以下，詳しくみておこう。

　第1の「韓・日文化交流事業」は，2003年に始まり，2019年時点で16年間実施されている。個別の企画としては，「釜山・朝鮮通信使祝祭」「韓・日ネットワーク事業」「ネットワーク活性化事業」「学術支援事業」「朝鮮通信使教育事業」「広報事業」等がある。「釜山・朝鮮通信使祝祭」では，日本の芸能

団体が参加し，日本文化を韓国に披露している。2018年には，下関の馬関奇兵隊や九州から芸能団体が，2019年には，広島紅葉連，静岡城内一輪車クラブなど大道芸団体が参加するなど，年々多様な日本側の団体が参加し，交流の幅が広がっている。「韓・日ネットワーク事業」は，対馬市の厳原港まつり（8月），下関市の馬関まつり（9月），静岡市での行事（10月）に対し，朝鮮通信使行列再現にスタッフと文化公演団を派遣するものである。2018年の場合，釜山文化財団からの派遣人数は対馬65名，下関87名，静岡34名となっており，下関への派遣人数が最も多い。「ネットワーク活性化事業」は日本の朝鮮通信使に関連した地域の祭りに参加する事業である。2019年には，北九州市の黒崎祇園山笠（7月），「大道芸ワールドカップ in 静岡」（10月），瀬戸内牛窓―国際交流フェスタ（11月）に参加している。

　ユネスコ共同登録以降の現代的交流として企画されたのが，2つめの「新朝鮮通信使事業」である。事業の目的は，日本の朝鮮通信使の関連地域で展開されている芸術文化のイベントを視察することを通じて，新たな交流を目指すことにある。新たな交流対象としては，① 瀬戸内国際芸術祭，② 大地の芸術祭―越後妻有トリエンナーレ，③ 大道芸ワールドカップ in 静岡，④ 横浜市の BankART1929・国際舞台芸術ミーティング in 横浜（TPAM）・横浜トリエンナーレの4つがあげられる。2019年，釜山文化財団は静岡市の大道芸ワールドカップ実行委員会と MOU を締結して，静岡市から朝鮮通信使祝祭に大道芸団体が派遣された。11月に行われる「大道芸ワールドカップ実行委員会 in 静岡」への釜山の民間団体が参加するという。

　2019年11月23日に「朝鮮通信使縁地連連絡協議会総会」（開催地：滋賀県長浜市）において，釜山文化財団の担当者より「新朝鮮通信使事業」の報告があった。今後，「新朝鮮通信使事業」を，ⅰ）文化遺産としての価値拡散（朝鮮通信使船），ⅱ）文化交流の意味を生かしたアーティストの交流（舞台芸術，視覚芸術，文学交流），ⅲ）多様なコンテンツの制作および活用（ドキュメンタリー製作，出版事業）の3つの方向へと展開していくという。また釜山文化財団と縁地連が共同で，ユネスコ世界記憶遺産に登録した「朝鮮通信使記録

物の図録」を制作していくことになっている。釜山文化財団は，縁地連に「地域ごとの事業推進についての書籍出版」「朝鮮通信使の筆談唱和に策案した両国の文化交流」の 2 つの事業を提案しているという。

　ユネスコ世界記録遺産登録以降，朝鮮通信使事業は釜山市に限らず，国レベルへと拡がっていることを指摘しなければならない。2018年10月，朝鮮通信使ユネスコ世界記録遺産登録の 1 周年記念に際し，釜山文化財団（記念図録と白書の発行），釜山博物館（記念物特別展示），国立海洋文化財研究所（朝鮮通信使船の進水式），国立海洋博物館（学術シンポジウム）の 4 つの組織が連携し，記念行事を実施している。なお，2018年 9 月に釜山文化財団はソウル市内を会場とする「韓日交流おまつり in Seoul」に参加し，「朝鮮通信使の再現パフォーマンス」を披露したという。

表 5 - 5　釜山文化財団の「韓・日文化交流事業」

事業名	実施時期	事業内容
釜山・朝鮮通信使事業	5 月	① 海神祭，② 朝鮮通信使行列再現，③ 韓・日文化交流広場行事，④ 新朝鮮通信使子ども参加行事
韓・日ネットワーク事業		
①　対馬厳原港祝祭	8 月	① 朝鮮通信使行列再現支援，② 国書交換式，③ 韓・日文化交流公演（芸術団・関係者）
②　下関馬関まつり	8 月	① 朝鮮通信使行列再現支援，② 国書交換式，③ 韓・日文化交流公演（芸術団・関係者）
③　静岡での行事	10月	① 朝鮮通信使行列再現支援，② 国書交換式，③ 韓・日文化交流公演（芸術団・関係者）
ネットワーク活性化事業	通年	朝鮮通信使の縁故地交流（川越，京都，岡山，瀬戸内，福山等），日本 NPO 法人朝鮮通信使縁地連絡協議会
学術支援事業	通年	① 学術誌発刊（朝鮮通信使研究），② 国際学術シンポジウム
朝鮮通信使教育事業	通年	朝鮮通信使の教育プログラム
広報事業	通年	朝鮮通信使ジャーナル発行（春・夏・秋・冬号）

出典：釜山文化財団「朝鮮通信使韓・日文化交流事業」資料をもとに作成

(3) 朝鮮通信使の今後の課題

　朝鮮通信使事業は釜山にいかなる意味をもつのか。釜山市は人口347万人（2019年6月現在）をもつ韓国第2の都市でありながら，ソウル市に比べて文化的資源が乏しいという問題を抱えている。釜山市の代表的な文化資源としては「釜山国際映画祭」（11月）の開催があげられる。釜山国際映画祭に加えて，朝鮮通信史祝祭は，釜山市に独自の文化資源となる可能性をもっている[6]。

　朝鮮通信使の存在について，韓国では釜山以外の地域ではあまり知られていなかったが，近年，慶尚南道密陽市や慶尚北道義城郡も関心を示しているという。朝鮮通信使の起点となるソウル市でもイベントが始まっている。ソウル市龍山区の龍山文化院は，2019年10月に「朝鮮通信使の足跡をたどって」という地域ツアー・プログラムを実施しているという。国内において，朝鮮通信使事業を軸とする地域間連携をどう形成していくのかが今後の課題であるだろう。

《注》
(1)　室町時代の朝鮮通信使は7回計画され6回実行に移され，そのうち京都までたどり着いて目的を果たしたのは3回にとどまったという。豊臣政権下では2回の朝鮮通信使が派遣されている（『下関市史　藩制―市制施行』下関市史編纂委員会　2009）
(2)　1970年代以前及び1990年代前半までの「朝鮮通信使」に関する学術研究を含む既存研究については，李元植『朝鮮通信使の研究』（思文閣出版　1997）所収の「序論　二　従来の研究」に詳しい。
(3)　韓国釜山における「朝鮮通信使再現行列」の開始，展開における姜南周氏の役割と，ユネスコ世界記憶遺産登録申請の韓国の動きについては，姜南周・仲尾宏「対談　ユネスコ世界記憶遺産登録申請をめぐって」（中尾・町田　2017『ユネスコ世界記憶遺産と朝鮮通信使』明石書店）を参照のこと。
(4)　山口県日韓親善協会連合会発行の『ふれあい2002新年号』8ページを参照。
(5)　金鍾泌氏（キム・ジョンピル，1926～2018）は，1961年のクーデターによって成立した朴正熙政権の第2人者とされており，1965年の日韓基本条約締結の際，日本の大平正芳外相との会談を行った政治家である。同氏は，国務総理を2回歴任した。
(6)　釜山市は1950年から1953年の朝鮮戦争時に韓国の臨時首都であった。2023年に「避難首都釜山」としてユネスコ世界遺産登録を試みるという新しい動きもある。

【引用・参考文献】
李進熙，1992，『江戸時代の朝鮮通信使』講談社学術文庫
李元植，1997，『朝鮮通信使の研究』思文閣出版
神田知子・高正晴子，2008，「下関市における江戸時代の朝鮮通信使饗応料理の再現」『山

口県立大学看護栄養学紀要』創刊号　50-55

下関市市史編修委員会編，2009，『下関市史　藩制―市制施行』下関市

下関市立歴史博物館，2018，『ユネスコ「世界の記憶」登録記念特別展　朝鮮通信使』下関
　市立歴史博物

辛基秀，1979，「あとがきにかえて」映像文化協会編『江戸時代の朝鮮通信使』毎日新聞社

高正晴子，1996，「くっきんぐるうむ　朝鮮通信使の饗膳」日本調理科学会誌 Vol. 29
　No3：240-244

町田一仁，2017，「朝鮮通信使に対する取り組み　下関」15-19『朝鮮通信使地域史研究―
　活動報告―』第二号別冊，NPO 縁地連朝鮮通信使関係地域史研究部会発行

仲尾宏，2007，『朝鮮通信使―江戸日本の誠信外交』岩波新書

仲尾宏・町田一仁，2017，『ユネスコ世界記憶遺産と朝鮮通信使』明石書店

中村栄孝，1969，『日朝関係史の研究』（全 3 巻）吉川弘文館

中村八重，2018，「国際交流事業における在日コリアンの参与―対馬と下関の朝鮮通信使再
　現行列を中心に」『白山人類学』21：59-80

松原一征，2014，「現代における韓国との交流の展開と課題」（永留史彦・上水流久彦・小
　島武博編『対馬の交隣』交隣社出版企画）

釜山文化財団，2018，「朝鮮通信使」（事業概要）

三宅英利，1986，『近世日朝関係史の研究』文献出版

村上和弘，2014，「朝鮮通信使行列と＜日韓交流＞」（永留史彦・上水流久彦・小島武博編
　武博編，前掲書）

朝鮮通信使縁地連絡協議会，2019，『縁地連だより』No.22（3 月29日）

　――，2019，『令和元年（2019）年度 NPO 法人朝鮮通信使縁地連絡協議会総会資料』
　（11月23日）

和田清美・魯ゼウォン，2018，「地方中核市の地域再生―山口県下関市の事例研究②―」
　『都市政策研究』首都大学東京都市教養学部都市政策コース，12：1-30

　――，2019，「『朝鮮通信使再現再現行列』の日韓比較―都市・地域社会学的視点から」
　『比較民俗学会報』比較民族学会，39-4（178）：13-20

第6章

下関市における在日コリアンの生活世界

　本章では，1945年から2019年現在にかけて，下関市の在日コリアンの生活世界の変容を明らかにすることを目的としている。下関市の在日コリアンについて，①「トンネ」という在日コリアン居住地域，②韓国との交流，③地域参加というの3つとの関連で検証する。そして，民団側と総連側で形成されてきた在日コリアンの生活世界が，ひとつのコミュニティのなかでつながっている実態を見出したい。

1　韓国朝鮮人人口の減少と「トンネ」の形成

(1)　韓国朝鮮人人口の減少

　下関市は，1905年の関釜連絡船の就航によって，多くの朝鮮人が上陸した場所である。

　1918年から1931年までの14年間の到来者は122万人，帰国者95万人，国内に残留した者29万人となる（下関市　1958：698）。終戦後，下関駅には1万人を超える朝鮮人が集まった（島村　2000：16）。国勢調査によると，韓国朝鮮人人口は，1950年7,175人，1960年6,791人，1970年5,275人，1980年5,469人となっており，1980年代までは人口5千人台を維持していた。その後，韓国朝鮮人人口は，1990年の5,469人から，2000年の3,892人，2010年の2,682人，2015年の2,234人へと減少の一途をたどっている。

　2015年現在，下関市の人口は27万2,732人である。下関市の外国人数は3,370人（全人口の1.2％）で，そのうち，韓国朝鮮人は2,334人（全人口の0.8％）である。山口県のなかで，下関市の韓国朝鮮人人口が最も多いのが特

徴である。こうした下関市の韓国・朝鮮人の構成比は，1950年の99.2％で
あったものが，2000年は91.7％，2010年は71.8％，2015年には66.3％にま
で低下した。絶対数は少ないものの，1980年に26人であった中国人は，
2015年には574人へと増加している。韓国朝鮮人の減少と中国人の増加とい
う傾向は，全国に共通してみられるものである。

　下関市の韓国朝鮮人人口の特徴は，東京・大阪などの大都市に比べると
1980年代にみられるニューカマー韓国人の流入が少なく，オールドカマーと
その子孫が大半を占めている点である。オールドカマーとの結婚等で韓国から
やってきた女性が多く定着していると推察される。

表6－1　下関市の外国人人口

（単位：人）

外国人	1950	1960	1970	1980	1990	2000	2010	2015
総数	7,231	6,821	5,321	5,660	5,242	4,244	3,734	3,370
韓国・朝鮮	7,175	6,791	5,275	5,469	5,014	3,892	2,682	2,234
中国	26	18	19	26	65	170	659	574
米国	—	—	6	26	24	25	23	29
そのほか	30	12	21	35	139	139	370	533
下関市人口	280,947	317,029	315,603	325,478	315,643	301,097	280,947	268,517
韓国朝鮮人の割合	2.6％	2.1％	1.7％	1.7％	1.6％	1.3％	1.0％	0.8％

出典：国勢調査から筆者作成

(2)　在日コリアン居住地域としての「トンネ」

　下関市は山口県の最西端に位置し，戦前関釜連絡船の発着地であり，多くの
朝鮮人が行き来した交通の要地であった。朝鮮から山口県に来た朝鮮人は，炭
鉱などで働いた人が多かった。下関の朝鮮人数は1912年の55名であったもの
が，1930年には4,017名へと増加し，1940年には18,899名となった。当時，
下関は行き場のない朝鮮人を救済するために，1928年に公益法人山口県社会
事業協会によって，「内鮮融和」を目的とする「昭和館」（1928年〜1945年）
という保護施設を大坪町に開設した。昭和館の事業は旅費貸与，宿泊提供，給

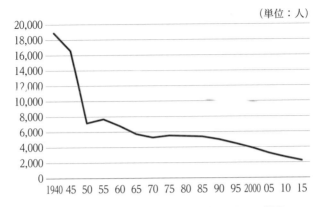

図 6 - 1　下関市における韓国朝鮮人人口の推移
出典：国勢調査から筆者作成

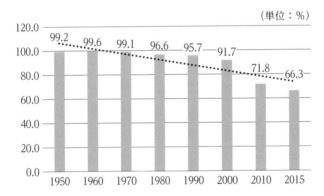

図 6 - 2　外国人登録人口における韓国朝鮮人の構成比
出典：国勢調査から筆者作成

食，職業紹介，各種相談などであり，終戦時まで続いた（下関市　1958：698）。

　終戦後，長門市仙崎港が朝鮮への公的な出航地のひとつであったため，朝鮮人は山口県に集まってきて，そのまま留まった人も少なくなかった。下関駅には 1 万人を超える朝鮮人が集住し，闇市等を形成したという（島村　2000：16）。下関駅近くの闇市は，のちに竹崎長門市場というコリアンマーケットとなった。朝鮮人は山陽本線の軌道にそってバラックを建てて居住するようになった。朝鮮人居住地域は，「トンネ」（韓国語でまちの意味）と呼ばれる。下

表6‐2　山口県・市町別の在留外国人人口と韓国朝鮮人人口（2018年12月）

（単位：人）

市・町別	総　数	韓国朝鮮
下　　関　　市	4,404	2,153
宇　　部　　市	2,028	948
山　　口　　市	1,671	264
萩　　　　　市	456	75
防　　府　　市	1,419	169
下　　松　　市	730	92
岩　　国　　市	1,878	363
光　　　　　市	399	165
長　　門　　市	437	48
柳　　井　　市	169	34
美　　祢　　市	248	66
周　　南　　市	1,655	426
山　陽　小　野　田　市	762	304
大　　島　　郡	—	—
周防大島町	95	12
玖　　珂　　郡	—	—
和　木　町	89	9
熊　　毛　　郡	—	—
上　関　町	2	—
田　布　施　町	65	6
平　生　町	58	15
阿　　武　　郡	—	—
阿　武　町	26	5
山　口　県	16,591	5,154

出典：『在留外国人統計』法務省

関の「トンネ」を調べた島村は，住民の地域認識をふまえて，①「下関港と下
関駅の間の居住地区」，②「下関駅前から山陽本線沿いに北西方面に続く商業
地区」，③「山陽本線沿いの北西方面にある住宅地区」，④「小高い丘と谷に形

成された住宅地区」，⑤「セ・トンネ（新しい村）といわれる住宅地区」の5つの「トンネ」に分類した（島村　2012：9-12）。

　これらの「トンネ」のなかで，本書の研究対象となるのは，「小高い丘と谷に形成された住宅地区」「下関駅前から山陽本沿いに北西方面に続く商業地区」「下関港と下関駅の間の居住地区」の3地区である。こうした3地区の概況を整理すると，以下のようになる。

　第1の「小高い丘と谷に形成された住宅地区」には，火葬場と下関刑務所が置かれ，どちらかといえば生活環境がよい地区ではなかった。この地区を当時の朝鮮人は，「トンクル・トンネ」（糞窟村）と呼んだ。この「トンクル・トンネ」には，「山口朝鮮初中級学校」（1946年），「在日本大韓基督教下関教会」（1928年），「光明寺」（1948年）などの朝鮮人の施設が集中していた。在日大韓基督教下関教会が発行した『創立70周年記念史』（1998年発行）をみると，1930年代に大勢の子どもが教会行事に参加していた写真があり，戦前から賑わった地域であることがわかる。「トンネ」は，1945年から1960年頃が最も活気があったという（島村　2000：18）。また，「トンネの人々の仕事は，1945年〜50年ごろまでの闇市での商売とどぶろくづくり，あるいは養豚であり，1950年代前半はスクラップ収集，1950年代後半からは港で仲仕や土木作業といったものであった」という（島村　2000：17-18）。トンネに住んでいた在日2世は，「みんなトンネを早く出るように努力した」と当時のトンネの雰囲気を語ってくれた（民団役員M氏，2019.8.26）。2019年現在，この地域では，一人暮らしの在日高齢者を多く見かけることができる。

　第2の「下関駅前から山陽本沿いに北西方面に続く商業地区」は，終戦後，朝鮮人や引き上げ者が空き地にテントを張り住みつき，闇市が形成された地域である。こうした闇市は長門市場と呼ばれ，「下関の台所」であったという。トンクル・トンネの在日コリアンからは，「長門市場に店舗があると成功者」という意味をもっている。この地域のグリーンモール商店街には，多くの韓国食料店や飲食店が立ち並んでおり，「リトル釜山」と呼ばれる。グリーンモール商店街一帯には，1970年の関釜フェリーの就航に伴って，「ポッタリチャン

サ」がもってきた衣類品や食材を扱っている店舗も混在している。2001年から「リトル釜山フェスタ」という韓国色を活かした地域活性化事業が進められている地域である。

第3の「下関港と下関駅の間の居住地区」は，1935年以降に埋め立てられた地区である。終戦直後は，在日朝鮮人が本国へ引き揚げる際の闇船が停泊した場所であるという。この地区には下関港国際ターミナル，「民団山口」，「下関韓国教育院」などがおかれている。1980年末にこの地区のハングル看板の店舗を調べた豊田（1988）は，通関業・貿易業に関わる業種を確認したとしている。これらは，在日コリアンの業種であったが，近年，ニューカマー韓国人が貿易に関わるようになってきている。

要するに，「トンネ」は，多くの在日が転出したものの，現在においても，下関の朝鮮人居住地域を象徴する意味をもつ。一方の「商業地域」と「下関港と下関駅の間の居住地域」は，1970年の関釜フェリーの就航に伴って，韓国との交流の拠点という地域特徴をも併せてもつようになったものである。

2　下関市における在日コリアンの生活世界

「トンネ」には，在日の宗教施設や山口朝鮮初中級学校が立ち並び，下関港近くに「在日本大韓民国民団山口県地方本部」（以下，民団山口）がおかれている。こうした在日コリアンの拠点を中心とする生活世界についてみておこう。

(1)　在日本大韓民国民団山口県地方本部
①　在日本大韓民国民団山口県地方本部の展開過程
　ⅰ）民団山口の形成と日本人との友好関係の構築（1945年～1965年）

民団山口は，1948年12月に下関市向洋町で発足された。民団山口は朝鮮人連盟が民団団員の家屋を襲撃した「下関騒擾」（1949年）によって，事務室を点々としていたが，1958年に大韓水産会館の土地を交渉し，同胞の寄付をもって建物を新築し，安定的に民団活動を行うようになった（民団50周年編纂

委員会　1997：635）。1950年代に，下関市の水産界が「李ライン」によって，韓国にだ捕された船員の対応に苦慮していた時に，民団山口の朴鍾氏がだ捕船員への差し入れを実現させた。これによって，民団山口は下関水産界の日本人と良好な関係を築くようになる。

ⅱ）日韓交流のパイプとして民団山口（1965年〜1980年代）

1965年に「日韓基本条約」が締結され，1969年には「韓国総領事館」を下関市に誘致する運動が起こった。運動の中心として，1963年に民団山口の団長に就任した朴鍾氏がある。朴鍾氏は，1962年に「山口韓国人商工会組織」を結成させ，さらに1970年の関釜フェリーの就航にも取り組み，「釜関フェリー」を起こして社長となった人物である。朴鍾氏とともに，下関市長の井川克巳氏は「山口県日韓親善協会」（1961年発足）を中心に，韓国人無縁仏を母国に移送する事業を行うなどの日韓友好事業を展開した[1]。

1980年代に入って，民団山口は1988年ソウル五輪を成功させるための支援事業，祖国統一運動や権益擁護運動，信用組合強化に重点がおかれた。なお，外国人登録や指紋押捺，そして「常時携帯制度」の廃止を要望する署名運動をも展開した。

この時期の民団山口は，在日の権益擁護運動を展開しつつ，「山口県日韓親善協会」「駐下関大韓民国総領事館（1997年1月に広島移動）」とともに，日韓交流のパイプ役をも担っていたのである。

ⅲ）地域参加を模索する民団山口（1990年代〜現在）

1990年代において，民団山口は，まず「91年問題」の解決に取り組んだ。91年問題とは，「3世以後の法定地位を1991年1月16日までに決定する」ことである。例えば，1990年5月に民団山口の婦人会は，県知事に「91年問題」の要望書を提出するほか，同年7月に下関市の3つの民団支部が要望書を下関市長に提出する活動を行った。この91年問題は，1991年1月10日に日韓の外相間で交わされた覚書をもって，戦前の旧植民地出身者とその子孫たちに同じ地位を保障されることとなった。3世の地位安定に伴って，1994年に「在日本大韓民国民団本部」は，「在日本大韓民国居留民団」の名称から「居

留」を外し，「在日本大韓民国民団」となった。

　1990年代に入って，下関市の韓国朝鮮人の人口減少傾向が著しい一方，1997年1月には「駐下関大韓民国総領事館」が広島市に移動されるなど，民団社会の維持にかかわる問題に，山口民団は直面した。そして，「在日本大韓民国民団」の地域参加の方針のもとで，下関市の多様な行事に参加するようになった。

　まず民団山口は2001年に開始した「リトル釜山フェスタ」という商店街のイベントに参加し，協賛している。また2004年から下関市「馬関まつり」の期間中に行うようになった「朝鮮通信使行列」にも参加している。さらに2017年に朝鮮通信使のユネスコ「世界記憶遺産」登録を機に，それを通じて，民団をポジティブにアピールしていこうとしている。その一環として，民団山口は2017年11月に朝鮮通信使のユネスコ登録を記念する「日韓親善の夕べ」を開催し，『朝鮮通信使ユネスコ『世界記憶遺産』登録記念誌』（2018年3月）という冊子を発刊した。

　この時期の民団山口は，地域参加活動に重点を置きながら，帰化者も含む形で民団組織を維持している。

② 民団山口と下関支部の現況

ⅰ）民団山口の団員数と支部組織

　民団山口は，山口県全体の在日コリアンを団員としている。民団山口の団員数を『民団五十年史』（1997年）と『民団70年史』（2017年）をもとに確認すると，世帯数は1997年の2,348から2017年には1,822へと減少した。国民登録者は1997年の8,835名から2017年には6,031名となり，団員数も1997年には9,988名であったものが，2016年末には6,825名へと減少した。2017年現在，下関支部の団員は約400世帯と推定されているという（民団役員のS氏，2017.12.22）。

　次に民団山口の支部組織については，1996年の時点で，支部組織は14支部（下関・宇部・徳山・小野田・小月・美祢・山口・萩・岩国・光・長門・柳井・厚狭・美称）と1直轄（豊浦）3分団・117班となっている。その後，

民団山口の 4 支部（長門・柳井・厚狭・光）が閉鎖され，2018年時点で10支部組織が残っている。山口県の韓国朝鮮人人口が減少するにつれて，民団支部組織の統合が行われているのが，現状である。

ⅱ）民団山口と下関支部における役員構成と活動

2018年度の民団山口の役員は，団長 1 名，副団長 3 名，事務局長 1 名，常任顧問 6 名，顧問 9 名の計20名となっている。議決機関は議長 1 名，副議長 2 名の計 3 名，監察機関は監察委員長 1 名，監察委員 2 名の計 3 名となる。会議は年 1 回の定期総会と定期地方委員会がある。

『在日本大韓民国民団山口県地方本部　創立65周年記念誌』（2013年12月発行）によると，2011年から2013年までの活動は，「駐広島大韓民国総領事館主催の国慶日への参加」（2011.10），「光陽フェリー就航祝賀懇談会」（2011.1），「光陽市訪問」（2011.2），「民団山口・婦人会共催の親睦チャリティゴルフ」（2012.10），「下関市社会福祉協議会にチャリティグルーフ収益金を寄付」（2012.11），「光復節記念式典」（2013.8），「朝鮮通信使再現行列10周年参加」（2013.8），「民団山口・婦人会の合同新年会」（2012.1），「リトル釜山フェスタに韓国農食品紹介展」（2013.11）などだ。2011年に韓国光陽市への「下関市訪問団」の一員として民団山口が参加しており，日韓交流の主体となっていることは注目に値する。また，「朝鮮通信使再現行列」「リトル釜山フェスタ」等の下関市の韓国関連のイベントに参加し，民団と地域とのつながりを強めようとしている。

下関支部については，2018年度の役員は支団長 1 名，副団長 2 名，議長 1 名，副議長 2 名，監察委員長 1 名，監察委員 2 名，婦人会長 1 名，顧問（常任含む）18名の計28名となっている。活動をみると，「野遊会」「支部定例大会」「敬老慰労会」「忘年会」等が行われ，在日コリアンの日常生活に関わる行事が大半を占めている。

以上により，山口民団の活動は日韓交流や地域参加，下関支部の活動は民団員の日常生活の活動に特化していることがわかる。民団山口では中央委員と議長と監察委員は韓国籍者に限るが，支部団長は帰化者もできるようになってい

る。

　こうした民団山口の団長は，どのような特徴をもっているのか。2017年の団長であるK氏は，生鮮魚類の貿易・卸売業を営む在日2世（60歳代の男性）である。団長としてU氏は，ユネスコ「世界の記憶」に登録された朝鮮通信時事業に関わる事業を行った。U氏は，「朝鮮通信使を通じて民団を知らせることができる」という観点から朝鮮通信使を民団の主要活動と捉えたという。また，2018年に団長となった在日2世のM氏（70歳代の男性）は，民団の「青年会」「山口韓国青年商工会」を結成するなど，若い時から民団活動に力をいれてきた人物である。M氏は，「自分は1世に近い2世であり，在日の歴史を伝えるのが責務である。1世は祖国への思いが強く，2世は差別撤廃運動を重要視した」と世代別の認識の違いを語ってくれた（2018.11.3）。2人の団長は，親が民団に関わり，それを通じて，民団に関心をもつようになった点で共通しており，さらに下関市で生まれ育って，現在も下関で事業をしている。

　以上のように，山口県のなかで韓国人人口が最も多く，かつ下関港が日韓の玄関口の特徴をもつため，民団山口の地方本部がおかれていることから，下関市が山口県の在日コリアンの中心であることは間違いない。

(2)　在日本大韓民国婦人会山口県地方本部

　「在日本大韓民国婦人会山口県地方本部」（以下，婦人会）は，民団山口の傘下組織であり，「在日本大韓民国婦人会中央本部」の「九州中四国地協」に属する下部組織である。婦人会山口県本部は，山口県の10支部組織（下関，岩国，宇部，小野田，徳山，山口，美祢，萩，長門）があり，その下に「班」という小規模の集まりがある。班長は年1回班員の家を訪問して，会費を集金している。

　2018年度の役員は，会長1名，副会長3名，各種部長・次長の18名（総務，財政，文化，広報，国際，厚生，青年，結婚相談），顧問3名，監査3名，地方委員30名の計58名となっている。婦人会の会長は，70歳代女性のK氏である。K氏は九州出身であるが，結婚によって下関市に来て，40歳代から婦人

会活動に参加しているという。K氏によれば，1990年代の会員数は約300名
であったが，2010年代には約150名，2018年度は約100名を下回っていると
いう。会長のK氏（70歳代の女性）によると，実際に活動しているのは，約25
名であるという。山口民団と同じく，会員は60歳代と70歳代が多く，高齢化
が顕著に進んでいる。K氏は「高齢者が多いので，人集めが大変である」と活
動の現状を語った。

　近年の婦人会山口県本部の活動は，中央本部が推進する「地域貢献事業」に
積極的に取り組んでいる。それをうけ，2006年に下関市のリハビリ病院に車
椅子を寄贈したという。2018年度の事業は，「全国婦人会大研修会」「中央本
部主催の本国研修会」「ブライダルパーティ」「民主平和統一諮問会議」「民団
山口県本部創設70周年記念式典」「弁論大会」「民団本部・婦人会本部合同新
年会」「三一節記念式典」「文化教室（主に歌と韓国歴史）参加」があげられる。
このなかで，「三一節」と「光復節」の記念式典が重要な行事であるという[2]。

　他方で，2018年度の下関支部婦人会の役員は，会長1名，副会長2名，各
種部長・次長（総務・組織・財政・文化・広報・国際・厚生・青年・結婚相
談）の17名，監査3名，顧問7名の計30名となっている。行事としては，「下
関支部敬老会開催」「三一節と光復節記念式典」「下関支部合同忘年会」「馬関
まつりにチヂミ焼出店」「下関支部野遊会」等である。会員のあいだには，葬
式や結婚式にも出席するなど，個人的なつながりが存続している点が特徴であ
る。なお，下関支部婦人会は6つの「班」があり，班長は班員の家を訪問し，
会費（年3,500円）を集めている。

　このように県下の婦人会は，山口県本部と10支部組織からなっている。婦
人会には「班」という民団組織が作った地域単位の集まりが残っており，それ
を通じたネットワークが機能している。今の婦人会の役員は在日2世であるが，
その子ども世代になると帰化者も多く，民団への関わりが薄くなっているよう
である。婦人会のみならず，民団全体の次世代の育成が急がれる。こうした次
世代の担い手として，「山口韓国青年商工会」に注目したい。

(3) 山口韓国青年商工会

　1985年に発足した「山口韓国青年商工会」は，在日韓国人の若手の商工人が集まる組織であり，「在日韓国青年商工会連合会」の地区組織となっている。「山口韓国青年商工会」は，商工活動のセミナー及び文化公演の実施，韓国親善交流事業への参加，各地区の青年商工会や青年会議所，商工会議所青年部との交流事業を行う目的で設立された。

　会員は20歳から42歳までの青年で，国籍は問わない。2019年現在，会員数は41名，在日3世や4世が多く，日本人のメンバーもいる。会議は年1回の定例総会と毎月開かれる理事会がある。会費は年6万円だ。

　「山口韓国青年商工会」の活動を紹介すると，2014年度は，親睦ゴルフコンペ（年4回），朝鮮山口県青年商工会ウリハッキョコンペ（朝鮮学校を支援するゴルフ会），民団県本部と「コリアンブライタルパーティ」の共催，「山口県韓国語弁論大会」の開催，2008年から参加の「リトル釜山フェスタ」となっている。そのなかでとくに「山口県韓国語弁論大会」は，1992年に始まって以来，2019年までの28年間，「山口韓国青年商工会」のメインイベントであり続けている。2019年11月に行われた第28回目大会の発表者は，学生（8名）と一般（11名）の計19名で，観客は約200名と盛況であった。弁論大会には，民団山口ならびに婦人会，山口県日韓親善協会連合会，下関市日韓親善協会，下関広域日韓親善協会の役員が参加し，韓国関連の団体が一堂に集まったことが大変印象的であった。実行委員のK氏（30歳代の男性）は，「今後，山口県韓国語弁論大会を韓国にも広報していきたい」と今後の課題を語った。

　このように，「山口韓国青年商工会」は，韓国交流事業や地域参加の活動を活発に展開している。また「山口韓国青年商工会」は，民団山口と婦人会主催の忘年会や新年会，光復節記念式典等の民団関連の行事に関わっており，青年会がなくなった民団山口にとっては，若手の役割を果たすものと位置付けられる。

(4)　在日コリアンと「下関広域日韓親善協会」の連携

　「下関広域日韓親善協会」は，1961年に発足した「山口県日韓親善協会連合会」の支部組織であり，下関市を中心に日韓親善活動を行っている。役員構成は会長 1 名，副会長 4 名，理事17名，顧問 4 名，相談役 2 名，幹事 2 名の計30名となっており，役員は日本人のみならず，山口民団ならびに婦人会，下関支部の役員も含まれている。

　2018年度の下関広域日韓親善協会の活動を見ると，① 駐広島韓国総領事歓迎祝賀会参加，② 山口韓国青年商工会・創立34周年記念式典出席，③ 民団山口県本部創立70周年記念祝典出席，④ 民団下関支部・婦人会の合同懇親会出席，⑤ 民団山口県本部の新春懇親会への出席等，実に多岐にわたっている。

　要するに，下関市においては，「民団山口」「婦人会」「山口韓国青年商工会」「下関広域日韓親善協会」の 4 つの主体が連携して，下関の多様な行事ならびに韓国釜山との親善交流をも進めている。

(5)　宗教施設に集う人々
①　光 明 寺

　光明寺は，大韓仏教曹渓宗に属する韓国寺院である。光明寺は1938年に炭鉱で命を落とした朝鮮半島出身者を弔うため，福岡市穂波町で創建され，その後1948年に下関市に移転してきた。当時，下関には日本全国に散らばった朝鮮人が帰国するため，下関に集まってきた。光明寺には下関まで来たものの帰国できなかった45柱の遺骨が納められていた。こうした外地に眠る韓国人無縁仏を慰めるために，日韓の曹渓宗信者らがソウルで鋳造した「平和の大梵鐘」という韓国の鐘を光明寺に寄進した。1989年 6 月に行われた「打鐘大法会」には下関市長や山口県親善協会会長などの約50人が出席した。

　光明寺は，1982年に韓国の大邱市の「千年古寺院安逸寺」から派遣された住職（50歳代の男性）が運営するようになった。この住職を中心にして，光明寺は在日コリアンの祭祀（朝鮮半島の法事）等を行う場としても機能してきた。光明寺の信者は，主として 1 世女性であり，韓国籍だけでなく，総連系の信

者も通っていた点が特徴である（豊田　1989：128）。

　2016年に，韓国から新たな住職が派遣された。新住職のK氏は前任者の親戚にあたり，50歳代の男性である。新住職のK氏によると，「光明寺には年数回の法要式が行われ，その案内状を約100人の信者に発送しているが，そのうち約10家族が参加している」という[3]。筆者が光明寺で会った高齢の女性信者は，「昔は大晦日に光明寺でみんな集まって，賑やかで楽しかったが，いまは寂しい」と光明寺の変化を語った。

　光明寺は，九州や山口で働いた朝鮮人の遺骨を母国に埋葬するため，下関で形成された宗教施設であり，在日1世の女性が日常的に集まる場であった。1990年代以降，トンネにおける在日コリアンの転出に伴って，光明寺の信者も著しく減少していき，トンネの衰退を示している。

② 在日大韓基督教下関教会

　在日大韓基督教下関教会は，1928年5月の創立以来，2019年の時点で91年の歴史をもつ在日コリアンの宗教施設である。1998年に発行された『創立70周年記念誌』によると，1924年頃から10名くらいの在日が集まり，礼拝をしたことが始まりであるという。在日大韓基督教下関教会の『創立70周年記念誌』から，1934年の教会堂の落成式の写真をみると，大勢の信者とその子どもが式典に参加しており，在日社会の重要な施設であったことが窺える。信者数は1952年に60名へと増加し，1963年の89名をピークとして，1979年には63名，1989年には48名へと減少した。1990年代以降，トンネをでていく在日の増加に伴って，信者数も減少していった（1998年『創立70周年記念誌』参照）。

　2016年から2年の間，牧師がいなかったが，2018年に韓国から30歳代の牧師を迎え，教会の活性化を模索している。筆者が参加した礼拝には約20名が出席したが，出席者の構成が多様である点が大変印象的であった。トンネで生まれ育った在日コリアンの女性たち，下関市に定着した韓国人，ポッタリチャンサの女性たち，韓国からの留学生，日本人が礼拝に出席している。在日大韓基督教下関教会は，釜山と下関を行き来するポッタリチャンサの女性に

表 6 - 3　在日大韓基督教下関教会の展開過程

年		特徴	信者数
第 1 期	1924年～1932年	開拓伝道期	1930年　主日学校生徒約40名 1931年　信者約30名
第 2 期	1933年～1939年	教会設立期	1936年　信者約50名，主日学校生徒約70名
第 3 期	1940年～1944年	教会受難期	記録なし
第 4 期	1945年～1946年	教会再建期	1945年　多くの信者が帰国
第 5 期	1946年～1998年	教会発展期	1946年　聖誕節祝賀礼拝216名参加 1952年　信者約60名，幼児約70名 1958年　信者約80名，幼児68名 1963年　成人89名，青年洗礼・高校生19名 　　　　中学生32名，幼児104名 1968年　信者（洗礼教人）57名 　　　　幼児洗礼11名　学習者19名 　　　　主日学校95名，幼稚園児30名 1979年　信者63名 1986年　信者61名 1994年　信者67名 1998年　信者48名

出典：在日大韓基督教下関教会　1998年『創立70周年記念誌』をもとに筆者作成
　　　ここでの信者は洗礼を受けた教人を指す。

写真 6 - 1　民団山口の役員・団長，婦人会の会長
（2019年11月撮影）

写真 6 - 2　光 明 寺
(2019年4月筆者撮影)

写真 6 - 3　在日大韓基督教下関教会
(2019年4月筆者撮影)

とって，現地の情報を得，人的ネットワークを広げる場となっている。

　設立当初の在日大韓基督教下関教会は，在日コリアンを中心とするもので
あったが，その後の韓国との交流が進むにつれて，下関市に定着した韓国人な
らびに釜山と下関を行き来するポッタリの人々が集まる場へとその性質が変
わってきている。

写真６－４　山口朝鮮初中級学校
(2019年４月筆者撮影)

(6)　山口朝鮮初中級学校

　さて，下関の山口朝鮮初中級学校は，多くの朝鮮人の運動によって，1956年に学校を創立してから，すでに60年が経過した[(4)]。戦後，山口県には多くの朝鮮学校が設立され，1972年に下関市に山口朝鮮高級学校も開設されていた。その後，生徒数の減少により，山口県の朝鮮学校の統合が進み，2008年に宇部初中級朝鮮学校と下関初中級朝鮮学校が統合し，山口朝鮮初中級学校となった。

　まず山口朝鮮初中級学校の生徒数をみると，1964年の生徒数は約400名であり，教員17名，事務員７名であった。校長によると，生徒数が600名に達した時もあったという。1988年になると，生徒数は初級部100名，中級部63名，幼稚園29名（1965年併設）で総勢192名へと減ってきた。2018年の時点では，生徒数33名（中級14名，初級11名，幼稚園８名）となっている。また，生徒の進路先は，高級部のある九州朝鮮中高級学校や広島初中高級朝鮮学校，日本の学校となっている。日本の学校への進学は，「中学校卒業程度認定試験」（中卒認定）を利用している。朝鮮学校の子どもの進路は多様化しているようである。

　次に山口朝鮮初中級学校の主な行事を紹介すると，「学生・同胞大運動会」「七夕祭」「下関トンポトンネ夏祭り」「敬老会」「公開授業」などが実施されて

いる[5]。学生・同胞大運動会の際には，地域住民にも運動会を知らせ，日本人を含めて約250人が参加しているという。また，敬老会は ① 在日朝鮮人高齢者向けの敬老会，② 生徒の祖父母向けの敬老会の 2 つが行われる。そして，最も参加者の多い行事は，「下関トンポトンネ夏祭り」であるという。この行事には約400人の同胞が参加しており，朝鮮学校を中心とする在日朝鮮人全体の祭りという意味をもっているようである。こうした山口初中級朝鮮学校の行事は，「オモニ会」（母親の会）や「アボジ会」（父親の会）といった保護者だけでなく，山口青商会（青商会は在日本朝鮮青年商工会の略），朝青下関支部（朝青は在日本朝鮮青年同盟の略），女性同盟など，在日朝鮮人の多様な民族団体と連携・協力して行っている。

　近年，山口朝鮮初中級学校は在日朝鮮人社会に留まらず，地元との交流に力をいれている。2018年の「リトル釜山フェスタ」では，山口朝鮮初中級学校の「カヤグム部（朝鮮琴）」の生徒が朝鮮伝統音楽を披露した。このイベントには「オモニ会」「アボジ会」も出店の形で参加しているという。これは，山口朝鮮初中級学校のもつ伝統文化を通じた地域社会との交流の試みであり，注目すべきだ。

　このように，山口朝鮮初中級学校は朝鮮人の運動によって形成された学校であり，現在においても在日朝鮮人社会に支えられながら，安定的な民族教育を行う点では成果をあげているが，新しい課題（生徒数の減少，補助金打ち切りなど）も抱えている[6]。注目すべきは，朝鮮学校を支援する韓国の市民団体である「モンダンヨンピル」（韓国語で「ちびた鉛筆」の意味）や「朝鮮学校を共にする市民の会・釜山」との交流が広がっていることである。前者は，2011年の東日本大震災の際に，被害を被った東北の朝鮮学校を支える目的で設立されたものであり，2017年 6 月23日に下関市で「モンダンヨンピル in 下関」というイベントを開催した。後者は，2018年12月に福岡県と山口県の朝鮮学校を支援するために発足した市民団体である。この団体は，2019年 2 月19日に北九州市で「釜山トンポネット・『ハムケヘヨ』（韓国語で「一緒にやろうよ」の意味）コンサート in 北九州」を開催し，釜山市民と朝鮮学校と

の連携を深めた。戦後，朝鮮学校と交流のなかった韓国社会において，日本の朝鮮学校を存続させようとする動きがみられる点に注目したい。このことは日韓交流の主体として，朝鮮学校が台頭したことを示唆しており，今後の展開を期待させる。

表 6-4　山口朝鮮初中級学校の沿革

1905年	国語講習所開設（大坪 6 町）
1946年	朝連下関初等学院創立「朝連下関小学校」
1946年	徳山朝鮮人初等学院創立
1948年	山口民族教育闘争
1949年	朝鮮学校閉鎖
1952年	山口朝鮮第一初級学校（岩国）開設
1954年	岩国中級部併設・「山口朝鮮第一中級校」（以後，岩国初中級学校に改称）
1956年	徳山朝鮮初級学校
	下関朝鮮初級学校
1958年	下関・徳山に中級部併設
1959年	宇部朝鮮初級学校開設
1960年	宇部中級部併設宇部朝鮮初級学校開設
1967年	「準学校法人山口朝鮮学園」学校法人認可
	「下関朝鮮初中級学校」各種学校認可
1972年	山口朝鮮高級学校開設
1977年	岩国朝鮮初中級学校閉校
2004年	山口朝鮮高級学校休校
2008年	宇部朝鮮初中級学校と下関朝鮮初中級学校が統合し，山口朝鮮初中級学校となる
2009年	徳山朝鮮初中級学校閉校

出典：山口朝鮮初中級学校校長提供の資料をもとに筆者作成

3 グリーンモール商店街と「リトル釜山フェスタ」

　中核市である下関市は，中心商店街の不在という地域問題を抱えている。そこで，2000年代から下関市と下関商工会議所は，韓国色を前面に出すという商店街活性化事業を企画し，「グリーンモール商店街」が「リトル釜山フェスタ」というイベントを進めることとなった。企画にあたって，下関市や商工会議所，グリーンモール商店街の在日経営者との話し合いによって，「リトル釜山」と命名したという。ここでは，「リトル釜山フェスタ」という商店街の活性化事業に，下関の在日コリアンや韓国との交流がどうかかわるのかに注目したい[7]。

(1) グリーンモール商店街の概況

　下関市のグリーンモール商店街は，JR下関駅の北側から1キロの長さにわたって伸びる商店街である。その前身は，終戦直後，線路の跡地にできた闇市であった。当時，多くの朝鮮人が露店を開き，その後商売を行うようになり，この点でコリアンタウンとしての特徴をもつ。この地域は邦楽座通りと呼ばれ，1960年から都市計画によって整備されるようになった。1976年9月に公園通りが完成し，グリーンモールと命名された（下関市市史編修委員会編　1989：200）。しかし，1977年10月にシーモール下関という大型商業施設がオープンすることになり，グリーンモール商店街への買い物客が減る傾向にある。

　グリーンモール商店街では，韓国食材販売店や韓国焼き肉店，衣類販売店などを含めて，約200軒の店舗が立ち並んでいる。1970年代に，グリーンモール商店街は，釜山市と下関市を行き来するポッタリの拠点であった。1980年代にグリーンモールの商店を業種別に調べた豊田滋（1985）は，① 食料品33軒，② 飲食店47軒，③ 金融16軒，④ 衣料品19軒，⑤ 美容14軒，⑥ 医薬8軒，⑦ そのほか58軒という構成になっている。このなかには，ポッタリたちが韓国からもってきたものを売る店も含まれている。また，在日コリアンにとって

写真 6 – 5　グリーンモール商店街の入口にある「釜山門」
（2016年3月筆者撮影）

写真 6 – 6　2017年リトル釜山フェスタにおける韓国テコンドーの公演
（2017年11月筆者撮影）

は，「朝鮮人がここで店舗を構えるのは，成功した」という意味をもつという
（2019.8.26）。グリーンモール通りには総連側の朝鮮会館がおかれ，どちらか
といえば総連側のコリアンが多いようである。

　グリーンモール商店街は，在日コリアンの店舗が立ち並び，韓国釜山から
ポッタリの人々の拠点という特徴をもつ。こうした韓国色に着目した下関市役
所と下関商工会議所は，「リトル釜山フェスタ」というイベントを「中心市街
地活性化事業」の一環として，グリーンモール商店街に提案したのである。

(2) 「リトル釜山フェスタ」の経緯と展開過程

① 「リトル釜山フェスタ」の経緯（1999年〜2000年）

　1999年に，下関市は「中心市街地活性化基本計画」を策定した。具体的に，JR下関駅から唐戸地区にかけてのウォーターフロント地区（230ha）を区域としてグリーンモール商店街と唐戸商店街の2カ所を活性化の対象とするという内容であった。2000年に下関市は商工会議所をTMO（街づくり機関）と認定し，商工会議所は「中心市街地活性化基本構想」を策定するようになった。商工会議所は，「ソウルの買い物名所の東大門市場のように安価な衣料品も品ぞろえし，日本の若者を引き付ける活気のある商店街に発展してほしい」（日経新聞　2001年10月11日地方経済面　広島）という構想のもとに，韓国の成功モデルを取り入れた地域活性化を提案した。それは，グリーンモールを「コリアンタウン」として整備していくという構想でもあった。当時，韓国色を活用するという構想に対する反対意見も少なくないため，「アジアンタウン」へと変更し，「アジアンフェア」を提案したという。そこで，韓国色をとりいれた構想に賛成する人々が反対の人々を説得して，フェスタを推進することとなった。しかし，商工会議所はフェスタの集客に不安があったため，「下関さかな祭り」という以前からある下関市の祭りと同時に開催する方法を選んだのである。

② 「リトル釜山フェスタ」の実施（2001年〜2008年）

　第1回目のフェスタは2001年11月23日に開催された。2001年は下関市と釜山市の友好姉妹都市締結から25周年となる機会でもあった。

　フェスタの実行委員会は，下関市国際課や商工会議所，自治繁栄会からなる。グリーンモール通りには，5つの自治会があり，そのひとつが自治繁栄会である。自治繁栄会のメンバーは，商工会議所からフェスタの計画を引き受け，実行委員会として関わった。韓国焼肉店を営む在日2世の経営者も商店街の活性化に参加した。当時，フェスタを開催した結果として，①一定の集客（約2万人）に成功したこと，②「リトル釜山フェスタをやってよかった」（2016年下関商工会議所の聞き取り調査の結果）という意見が聞かれ，韓国色を活かし

た地域活性化に反対する意見が少なくなったことの 2 点があげられる。当時，日韓サッカーワールドカップ大会（2002年）や「冬のソナタ」放映（2003年）による韓流ブームという社会背景もプラスの要因として作用した。

　フェスタの来場者が増加するにつれて，2005年から農業祭（JA 主催）も同時開催することとなった。来場者数は，2006年（6 回目）の約 2 万 5 千人から2007年には約 4 万 5 千人に増加し，下関市の地域イベントとして定着していった。

　フェスタ事業を支援するために，国・県・市からの「商店街など活性化事業補助金」として約300万円の財政支援を行った。2 回目の事業は160万円の財政支援があり，そのうち80万円は市の補助金であった。3 回目と 4 回目，5 回目，そして 6 回目のフェスタ予算は150万円，そのうち市の補助金は50万円であった。2006年以後，フェスタに補助金を支援するために実施した「韓国ランタンフェスタ」は，フェスタの収支が均衡に近づいてきたので，2016年に取りやめることになった。

③ 「リトル釜山フェスタ」の展開（2009年〜2017年）

　2009年に，自治繁栄会とは別に，商店街の活性化に専念する「グリーンモール商店街振興組合」（以下，振興組合）が設立された。振興組合は，「下関市中心市街地活性化基本計画」の認定を受けて，組合の事務室兼店舗として「邦楽座別館」をオープンし，韓流スターのグッズや韓国コスメ商品を集めて販売した。当時，振興組合が発行したグリーンモール商店街を紹介するチラシでは，「邦楽座別館」とともに54の店舗が紹介されている。また，2011年は，下関市と釜山市の姉妹都市提携35周年にあたり，グリーンモール商店街のシンボルとして，韓国風の「釜山門」が竣工された。

　フェスタへの来場者数は 2 万から 4 万人となっており，2016年からは自主財源で開催するようになった。2016年には，「下関さかな祭り」（下関漁港），「農業まつり」（JA），「豊前田満ぷくフェスタ」（豊前田商店街）と同時に開催された。

　フェスタは，毎年数万人を集めるという成果を上げることができたが，一方

で韓国グッズやコスメ商品を販売する「邦楽座別館」の経営不振が続き，2014年に撤退した。さらに，店舗兼組合事務所の賃借料などの負担が重く，2018年6月に振興組合の解散を決定せざるを得なくなった。こうして2018年7月から，自治繁栄会が再びフェスタの実行組織となった。

④ 「リトル釜山フェスタ」の新たな展開（2018年〜）

　2018年から自治繁栄会は，フェスタを持続的に行えるように，イベントステージに地元の小学生や中学生の出し物を増やす等の工夫を取り入れた。また，2019年のフェスタは，2018年よりも出店の申請も増え，盛況であったという。

　こうしたフェスタは年1回のイベントとしては成功しているものの，商店街の集客力が高まらないという課題を抱えている。そこで，グリーンモール商店街では，2018年9月に「ストリート焼肉＆ビアガーデン」という新たなイベントを実施することとなった。このイベントは，市のまちづくり組織である「西部地区まちづくり協議会」が，市の「地域力アップ事業」に応募して得た補助金をもとに，企画実行したものである。自治繁栄会の役員が「西部地区まちづくり協議会」の役員をも兼ねているため，新しいイベントの実行が可能であった。このイベントの特徴は，2010年にフェスタのイベントとして実施した「下関コリアンフードフェスタ」の経験をもとに，在日3世の経営者（40代の男性）が肉の提供やホルモン鍋セットの寄付という協力をしたことにある。また，このイベントに参加した人々が近くの焼肉店にも入り，お客が増加したことで，地域の焼肉店から好意的な反応を示している。新たなイベントを支援した在日3世は，すでに2017年からフェスタの実行委員として地域に関わっており，地域の担い手に位置づけられる。自治繁栄会のN氏は，「フェスタを行いながら，夏のストリート焼肉＆ビアガーデンも定着させていきたい」と地域の活性化を語った。

(3) 「リトル釜山フェスタ」と在日コリアンの諸団体

　では，韓国色を活かした「リトル釜山フェスタ」に，下関市の在日コリアンはどう関わっているのだろうか。

①　グリーンモール商店街の在日コリアン

　まず，グリーンモール商店街の在日コリアンとしてフェスタに関わったのは，韓国焼肉店舗を経営している在日3世のJ氏（40歳代の男性）である。この韓国焼肉店は，1950年に創業してから，2019年で69年の伝統もつ。J氏は兄弟と共に焼肉店を5店舗，大衆食堂1店舗，塾を2店舗等経営している。先代は「リトル釜山」という名称を決める話し合いに関わった人物であり，グリーンモール振興組合の理事でもあった。こうした先代に引き続き，J氏が2017年からフェスタの実行委員となった。J氏は2019年のフェスタでは，「出店係」を担当したという。J氏は，「フェスタを通じて，地域とのつながりができた」と述べたうえで，今後も関わっていくという。さらに，「ストリート焼肉＆ビアガーデン」を通じて，焼肉店を経営する在日どうしの繋がりができることをメリットにあげた。グリーンモール商店街の韓国焼肉店は，経営者が変わっても，在日コリアンが引き続き経営しているため，在日経営者とのネットワークは必要であり，その点から参加していくという。

　次にグリーンモール商店街で韓国食材販売店を営む在日コリアンからは，「フェスタでまちが盛り上がるし，楽しみである」という好意的な意見を示している。フェスタの際に，韓国の飲食店や食材店は店先に韓国食材や韓国料理などを販売しており，積極的にフェスタに関わる様子が窺える。

②　下関市の在日コリアン

　それでは，下関市の在日コリアンは，フェスタをどう捉えているのか。在日本大韓民国民団山口県本部ならびに下関支部，在日本大韓民国婦人会山口県地方本部と婦人会下関支部の計4団体は，フェスタのチラシに協賛の広告を出している。また，山口韓国青年商工会は，フェスタのチラシに協賛の広告を出しながら，地域連携の一環として2008年からフェスタに出店も出している。

　総連側については，下関商工会議所の資料によると，2005年に朝鮮総連も実行委員会に参画したとなっている。自治繁栄会のN氏によると，「総連は，フェスタの初期に参加したが，その後は関わってない」という。総連側の「在日本朝鮮下関商工会」は，広告チラシに協賛の広告を掲載している。フェスタ

に持続的に参加するのは，山口朝鮮初中級学校である。山口朝鮮初中級学校の生徒は「カヤグム部（朝鮮琴）」の演奏をイベントステージで披露している。また，山口朝鮮初中級学校の母親からなる「オモニの会」は，ブースを出している。オモニの会は，「文化交流を通じて，街を盛り上げる」という点でフェスタに参加しているという。下関の在日朝鮮人にとって，フェスタは伝統文化資源を通じた地域社会参加ができるという意味をもつ。

　こうしてみると，フェスタの開催によって，1）商店街の若手の在日コリアンが地域の担い手になってきたこと，2）在日本大韓民国民団山口県地方本部や下関支部，婦人会山口県地方本部，婦人会下関支部は広告を出し，協賛していること，3）在日朝鮮人からは，とくに山口朝鮮初中級学校はフェスタを文化交流の場として受け入れて参加していることの3つの傾向がみられた。

③　釜山からの派遣団

　フェスタのイベントとして，姉妹友好都市の釜山市から公演団の派遣がある。下関市国際課を通じて，釜山市に派遣を要請することになっており，釜山からの派遣団の下関での滞在費は市が負担し，商店街はランチ等の食事を担当するという。2017年は釜山市から2団体が派遣され，2018年は1団体の派遣となった。釜山から派遣される「テコンドー公演」は人気があるという。2019年は，釜山市の釜山文化財団より「新朝鮮通信使事業」の一環として，伝統演技団「ジェビ」が派遣された。長年の下関と釜山との交流は，地域の活性化につながっている。

④　下関市の日韓親善団体

　「山口県日韓親善協会連合会」「広域下関日韓親善協会」の2団体は，フェスタのチラシに協賛の広告を出している。その一方で「下関市日韓親善協会」からはブースを出し，韓国料理を売るなど，フェスタを盛り上げている。

(4)　おわりに

　下関市のグリーンモール商店街は，2001年に韓国色をとりいれた「リトル釜山フェスタ」をスタートさせ，2019年の時点で，すでに18年が経過してい

る。その結果，フェスタは一定の集客を行うなどの成果をあげてきた。さらに，グリーンモール商店街では，持続可能な商店街づくりの動きも出始めている。こうしたフェスタの安定的な実施は，下関市や商工会議所，グリーンモール商店街の自治繁栄会の協働によるものであることは言うまでもない。それをふまえたうえで，本書のポイントは，① 下関市の在日コリアンはフェスタにどうかかわるのか，② 下関市の日韓親善団体はフェスタをどう捉えるのか，③ 下関市と釜山市との交流は，フェスタにとってどういう意味をもつのかの3つにある。

　第1に，フェスタを通じて，商店街の在日3世の経営者が地域の担い手となってきたことがある。民団側はフェスタに広告を協賛し，フェスタ当日も参加している。山口韓国青年商工会は，出店と広告協賛を行っている。とくに山口朝鮮初中級学校は，伝統文化という資源をフェスタに提供している。下関の在日コリアンはフェスタを地域への参加の場とみなしているのだ。第2に，下関市の日韓親善団体は，フェスタへの広告協賛や出店の形でフェスタに関わっている。日韓親善組織は韓国文化の紹介も行い，親善活動の経験をフェス

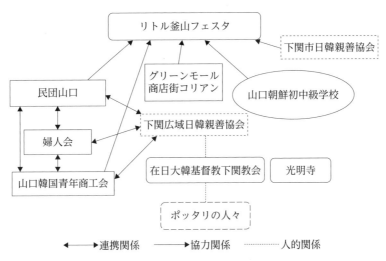

図6-3　リトル釜山フェスタとコリアンの諸団体
出典：筆者作成

タに活かしている。第3に，釜山市はフェスタに公演団を派遣している。2019年は「新朝鮮通信使」事業の一環である伝統演技団が派遣された。下関と釜山との交流が商店街の地域活性化を促す試みであるといえる。

　以上により，下関市のリトル釜山フェスタは，在日コリアンの伝統文化ならびに日韓親善団体の交流活動，釜山市との友好交流が地域資源として有効であることを示している。戦後，下関市の在日コリアンは，民団側と総連側で生活世界を形成してきたが，フェスタを通じて，民団側と総連側の在日コリアンは，公的な交流はみられないものの，ひとつのコミュニティのなかでつながっている実態を確認することができるのである。

《注》
(1) 井川克巳氏は下関市の水産業に携わり，1967年〜1979年に下関市長を務めた。その後，山口県日韓親善協会連合会の会長に就任し，日韓交流を積極的に推進した。
(2) 三一節は1919年3月1日に朝鮮に起こった独立運動を記念する日である。光復節は，8月15日の大韓民国の祝日で，日本による植民地支配からの解放を祝うものである。
(3) 光明寺が信者に手紙を送る時期は，①正月元日，②旧正月15日，③旧四4月8日，④旧7月15日，⑤旧8月15日，⑥旧9月9日，⑦旧11月21日，⑧大晦日等である。
(4) ここの記述は，魯ゼウォン，2019，「山口県下関市の在日朝鮮人と朝鮮学校の形成過程：山口朝鮮初中級学校を事例に」『天理大学人権問題研究室紀要』22，天理大学人権問題研究室をもとに加筆修正したものである。
(5) 山口朝鮮初中級学校の行事は，Facebookを参照して，記述した。(https://www.facebook.com/YamaguchiKS/，2019年1月15日に閲覧)
(6) 1995年度から山口県から「私立外国人学校特別補助金」が支給されてきたが，山口県は2013年から，下関市は2014年からそれぞれ山口朝鮮初中級学校への補助金の予算計上を中止した。市民団体「朝鮮学校を支える山口県のネットワーク」が2013年から月1回県庁前での抗議行動を行っている。毎月約40名（同胞10名，日本の支援者30名）が参加しているという。朝鮮学校の「オモニ会」（母親の会）とも連携して抗議を続けている。
(7) ここの記述は和田清美・魯ゼウォン，2017，「地方創生と地域資源―山口県下関市の事例研究―」『都市政策研究』11，首都大学東京都市教養学部都市政策コースをもとに加筆修正したものである。

【引用・参考文献】
井出弘毅，2009，「ポッタリチャンサ：日韓境域を生きる越境行商人」『白山人類学』白山人類学研究会　12：53-67
　――，2015，「関釜・釜関フェリーで日韓間を跨境する人々の生活実態―ポッタリチャンサと，ある在日コリアン男性の事例から―」『韓国朝鮮の文化と朝鮮』風響社　14：85-

106

前田博司, 1992,「その後の『昭和館』」『山口県地方史研究』山口県地方史学会 68：39-41

島村恭則, 2000,「境界都市の民俗誌—下関の＜在日コリアン＞たち—」『歴博』国立民俗歴史博物館 103：16-19

——, 2002,「在日朝鮮半島系住民の生業と環境—ポッタリチャンサ（担ぎ屋）の事例をめぐって—」『民具マンスリー』神奈川大学日本常民文化研究所 35-1：1-17

——, 2012,「境界都市の民俗学—下関の朝鮮半島系住民たち」篠原徹編『現代民俗誌の地平1 越境』（普及版）朝倉書店 9-36

下関市市史編修委員会, 1958,『下関市史 市制施行以後』下関市

——, 1964,『下関市史 藩制—明治前期』下関市

——, 1989,『下関市史 終戦—現在』下関市

下関市日韓親善協会, 2011,『協会創立10年間の歩み』

——, 2013,『姉妹縁組10周年記念誌』

瀬上幸恵, 2001,「山口県における民族教育擁護運動（地域社会における在日朝鮮人とGHQ/朝鮮研究所編）『東西南北 別冊01』和光大学総合文化研究所 36-55

在日本大韓民国民団, 1997,『民団五十年史』

——, 2017,『民団70年史』

在日本大韓民国民団山口県本部・記念事業実行委員会, 2010,『日韓併合100周年 光復節65周年 韓日条約締結45周年』在日本大韓民国民団山口県本部発行

田村慶子, 1994,「下関市の韓国・朝鮮人—下関市内定住外国人実態調査報告—」『自治研やまぐち』山口県地方自治研究センター 15：2-38

豊田滋, 1985,「下関における韓半島の文化—グリーンモール商店街の地理学的考察」『地域文化研究所紀要』梅光女学院大学地域文化研究所紀要 1：19-26

——, 1987,「下関における韓半島の文化」『地域文化研究所紀要』梅光女学院大学 2：12-23

——, 1988,「下関における韓半島の文化（その3）—大和町・東大和町の地理学的研究」『地域文化研究所』梅光女学院大学地域文化研究所紀要 3：132-143

——, 1989,「下関における韓半島の文化（その4）—関西通り・神田町二丁目・東神田町の地理学的研究」『地域文化研究所』梅光女学院大学地域文化研究所紀要 4：114-129

——, 1990,「下関における韓半島の文化（その5）—下関周辺の韓系事象について」『地域文化研究所』梅光女学院大学地域文化研究所紀要 5：85-93

魯ゼウォン, 2019,「山口県下関市の在日朝鮮人と朝鮮学校の形成過程：山口朝鮮初中級学校を事例に」『天理大学人権問題研究室紀要』天理大学人権問題研究室22：21-33

藤原智子, 2010,「占領期在日朝鮮人教育史：山口県に着目して」『教育史・比較教育論考』北海道大学大学院教育学研究院教育史・比較研究グループ 20：2-24

マキー（藤原）智子, 2014,『在日朝鮮人教育の歴史：戦後日本の外国人政策と公教育』北海島大学博士論文（教育学）

山本克也, 2003,「グリーンモール商店街活性化とリトル釜山の街づくり」『構造改革下における地域経営の課題と展望』広島大学経済学部附属地域経済システム研究センター編・地域経済研究推進協議会 63-71

八木寛之・谷富夫, 2014,「生野コリアンタウンは『韓流ブーム』にのって—阪神圏商店街

　実態調査から」『コリアンコミュニティ研究』コリアンコミュニティ研究会　5：65-82

山口県，1998，『山口県史　資料編現代 1 』

　——，2000，『山口県史　資料編　現代 2 　県民の証言　聞き取り編』

　——，2014，『山口県史　資料編　現代 4 』

　——，2017，『山口県史　資料編　現代 5 』

山口県日韓親善協会連合会，2011，『2011年創立50周年記念特別号　ふれあい』

　——，2018，『朝鮮通信使ユネスコ記憶遺産登録記念号　ふれあい』

和田清美・魯ゼウォン，2017，「地方創生と地域資源—山口県下関市の事例研究—」『都市政策研究』首都大学東京都市教養学部都市政策コース，11：15-39

　——，2018，「地方中核市の地域再生—山口県下関市の事例研究②—」『都市政策研究』首都大学東京都市教養学部都市政策コース，12：1-30

　——，2019，「地方中核市の地域活性化—山口県下関市の事例研究③—」『人文学報』首都大学東京人文科学研究科，515-1：1-32

第7章

コミュニティ再編とまちづくり協議会

1 はじめに

本章は，序章において紹介した「下関市まち・ひと・しごと創生総合戦略」
（2015年10月策定）において盛り込まれている「住民自治によるまちづくり」
の推進の具体的政策である「まちづくり協議会」について取り上げる。その前
提には，これまでの下関市の住民・市民の諸活動の蓄積がある。そのため，本
章は，まず，下関市の住民・市民活動の実態の把握を行う。住民活動について
は「自治会活動」を，市民活動については「しものせき市民活動センター」へ
の登録団体からみていくこととする。その上で，現在下関市が進めている「ま
ちづくり協議会」政策の進捗状況および事業内容，さらには3つの地区のま
ちづくり協議会の活動実態を紹介する。

2 1市4町合併とコミュニティ再編

(1) 1市4町合併と連携中枢都市圏

下関市は，2005年2月旧下関市と旧豊浦郡4町（旧菊川町，旧豊田町，旧
豊浦町，旧豊北町）が合併した。合併から10年を経過した2015年9月30日，
下関市は『連携中枢都市宣言』を行った。これは，国が定める「連携中枢都市
圏構想推進要綱」（目的；地方圏において相当の規模と中核性を備える圏域の
中心都市が近隣の市町村と連携し，人口減少に対する，いわば「地方が踏みと
どまるための拠点」の形成）に基づいたもので，下関市の場合は，一市域を

もって連携中枢都市圏の形成を宣言したものである。

　『宣言』によれば，「旧下関市と旧豊浦郡 4 町は古くから『豊関地域』と呼ばれ，自立した生活圏域を形成してきた歴史をもち，現在も 1 つの生活圏を有して」おり，「中核的な医療施設や主要な広域駅，大規模な商業集積や文化施設など一定の都市機能集積がある旧下関市が 4 町地域の住民との共生や日常生活を支えている機能を担っている一方で，旧町地域の有する良好な自然環境等が生活面の多様性を補完しており，都市機能・生活機能の両面で完結型の都市」であるという（『連携中枢都市宣言』 p.1）。

　とはいえ，合併は，旧下関市と旧豊浦郡 4 町のコミュニテイ再編を促した。具体的には。旧市町ごとに組織されていた連合自治会の再編である。旧下関市には「下関市連合自治会」が，旧 4 町には「自治会連合会」が組織されていたが，新下関市誕生とともに， 5 つを統合し，新たに「下関市連合自治会」が発足した。

(2)　住民・市民活動の実態
①　「下関市連合自治会」

　さて，「下関市連合自治会」は，2018年 5 月 1 日現在，67の自治連合会から構成される。この下に，806の単位自治会（21自治会未加盟）が会員として加盟している。

　自治会への加入率は，2018年 5 月 1 日現在，79.3％になっている。2005年段階での加入率は88.0％であったが，この13年間で約 9 ポイントが低下している。地区別にみると，本庁地区では76.8％，菊川地区77.8％，豊田地区87.1％，豊浦地区82.6％，豊北地区85.8％となっており，近年宅地開発が進む旧下関地域や菊川地域では80％に達していない。そのため，連合自治会では，自治会未加入世帯を促進するため「自治会加入促進用チラシ」を作成し，市役所， 4 総合支所及び12支所の住民登録窓口において市外からの転入者及び市内転居者への配布を市に依頼している。

　『下関市連合自治会』の資料によれば，「まちづくり協議会」事業推進以前の

2015年度の活動をみると，① コミュニティづくり（コミュニティづくりや地域の活性化に資する各種協議会委員の就任，他），② 防犯，青少年健全育成，交通安全，③ 快適環境づくり（美化美化（ぴかぴか）大作戦，ふくふく健康21計画への参加，他），④ 社会福祉（社会福祉協議会，社会福祉審議会，民生委員推薦会などの委員就任，他）があげられている（p.3）。

　下関市は，連合自治会との間で，市報の配布や市からの重要な情報，役に立つお知らせの回覧及び掲示板への掲示業務等の委託契約を締結し，連合自治会に加入している自治会に対して業務委託料が支払われている。また，自治会への補助制度は，【市からの補助金】として，① コミュニティセンター助成（新築：対象事業経費の4/10の額，限度額580万円），② 町民館整備事業等補助金（修繕：対象事業費の4/10の額，限度額580万円），③ 町内掲示板設置事業等補助金（対象事業経費の4/10の額，限度額上限4万円）がある。【防犯協会からの助成金】として，① 防犯灯新設補助（9,500円），② 防犯灯切替補助（3,000円），③ 防犯灯電気代補助（4～10月分）がある。【その他】として，再資源化推進事業奨励金や，街路樹愛護会報償費，公園愛護会報奨会などの各制度がある。

　では，「まちづくり協議会」事業実施後はどうなっているのか。2018年度の「連合自治会資料」をみると，活動目標は，① 自治会組織の強化，連携，② まちづくり協議会，③ 防犯・防災・交通安全，④ 環境美化・社会福祉，⑤ 市政への参加，⑥ 各種団体との連絡調整となっており，新たに「まちづくり協議会」が加わっている。また，市からの補助金は，① 地域活動業務費（補助額・年額）：地区自治会連合会120,000円，単位自治会45,000円（均等割）＋590円（1世帯当たり）×自治会が市報を配布した世帯数（一部加算有），② 町民館整備事業当補助金：補助率4/10（上限5,800千円），③ 掲示板設置事業等補助金：補助率4/10（上限：40千円）の3つになっている。

② 市民活動

　下関市は，行政と市民活動団体とが連携したまちづくりを進めるため，また，その活動を支援するための「しものせき市民活動センター」を，2007年5月に開設した。センターでは，① 市民活動を始めるきっかけ作り，② 一緒に活

動するための仲間づくり，③ 活動に関する情報収集などの事業展開をし，市民活動の場及び市民と市民がふれあうことのできる交流の場として活用されている。

　本センターの市民活動登録団体は，調査開始時の2017年1月6日現在では237であったが，2019年12月21日現在は245となっている。分野別にみると，学術・文化・芸術・スポーツ63団体が最も多く，以下，保健・医療・福祉が51団体，まちづくり37団体，子どもの健全育成29団体，環境保全15団体，国際協力・国際交流10団体，社会教育10団体，人権擁護・平和推進8団体，地域安全6団体，観光の振興5団体，消費者の保護4団体，農山漁村・中山間地域支援1団体，男女共同参画2団体，経済活性化1団体，科学技術振興1団体となっている。なお，市民活動・団体支援，災害援助，情報化推進，職能力開発・雇用促進の団体は登録がない。

　また，市は，市民と市民，市民と行政のパートナーシップの推進を目的に，「下関市民協働参画条例」（2003年6月1日施行）を制定した。これに基づき，下関市は，「第3次下関市市民活動促進基本計画」を策定すべく，その基本資料として2014年12月「市民活動状況調査」を実施した。市内181団休の回答を得た市民活動団体調査結果（回収率71.3%）によると[1]，団体規模では50人以下の団体が65.7%を占め，年齢では60代・70代が半数以上を占めている。他の市民団体とのつながりを持っている割合は59.7%，地元地域（自治体等）とのつながりを持っている割合は55.2%となっており，団体の6割が団体間・地元地域間のつながりを持っていることがわかる。このような実態は，後述の「まちづくり協議会」設置に繋がる可能性をもっていると考えられる。

3　まちづくり協議会政策の展開

(1)　まちづくり協議会の政策展開

　「まちづくり協議会」とは，『下関市まち・ひと・しごと創生総合戦略』に先だって策定された『第2次下関市総合計画』に含まれている分野別計画であ

る『下関市住民自治によるまちづくり推進計画』（2015年 1 月）を根拠とする
住民自治によるまちづくりの仕組みを指している。なお，各施策の計画につい
ては，「下関市住民自治によるまちづくり推進に関する条例」及び「下関市住
民自治によるまちづくり推進に関する条例施行規則」を根拠としている。『下
関市まち・ひと・しごと創生総合戦略』においては， 4 つの基本目標のひと
つである「地域の力を活かし，持続可能な地域社会をつくる」の中で，①「住
民自治によるまちづくりの推進」の事業としてあげられており，重要業績評価
指標（KPI）として「まちづくり協議会の設置率」が示されている，2016年

表 7 - 1　各地区のまちづくり協議会の設立状況

（2018年 6 月末現在）

	地区名	協議会設立総会年月日	会長の所属団体	活動拠点 （事務所の所在）
1	中東	平成27年10月 6 日	自治連合会	カラトピア 4 階
2	西部	平成28年 1 月31日	自治連合会	西部公民館
3	向洋	平成28年 8 月28日	自治連合会	向山小学校
4	山の田	平成28年 6 月10日	自治連合会	労働婦人センター （北部公民館）
5	彦島	平成28年 7 月16日	自治連合会	彦島公民館
6	長府	平成28年 1 月13日	自治連合会	豊浦小学校
7	長府東部	平成28年 4 月 3 日	自治連合会	長府小学校
8	東部 5	平成27年11月29日	自治連合会	小月公民館
9	勝山	平成28年12月11日	自治会連合会	勝山公民館
10	内日	平成28年 1 月24日	自治会連合会	内日公民館
11	川中	平成28年 9 月22日	自治会	川中公民館
12	安岡	平成27年12月13日	自治会連合会	安岡公民館
13	吉見	平成27年10月31日	自治連合会	吉見公民館
14	菊川	平成27年 9 月27日	自治連合会	菊川総合支所第 3 庁舎
15	豊田	平成28年 1 月31日	自治会連合会	豊田生涯学習センター
16	豊浦	平成27年11月28日	自治会連合会	豊浦コミュニティ情報プラザ
17	豊北	平成27年12月 5 日	振興協議会	豊北生涯学習センター

出典：下関市市民部まちづくり政策課「下関市まちづくり協議会の概要」より作成

11月時点で17地区においてまちづくり協議会が設置され，100％の達成率となっている。

　まちづくり協議会設置に伴う支援施策をみると，第1に「まちづくりサポート職員制度」がある。2016年度から配置が開始され，2017年度には17地区すべての協議会にまちづくりサポート職員が配置された。まちづくりサポート職員は，地区と市とを結ぶパイプ役として，まちづくり協議会の運営に関わり，地区の事業実施に関わる助言や情報提供などを業務としている。第2は「活動拠点の支援」である。その整備状況をみると，公民館や空き公共施設の活用，民間の空店舗などを活用するなど，地域の実情にあわせた拠点施設が置かれている。第3は「財政的支援」である。開始時の「補助会制度」は，2017年度から「まちづくり交付金要網」及び「まちづくり交付金規則」に基づく「まちづくり交付金制度」に変更された。

　「まちづくり交付金」とは，「下関市まちづくり交付金事務の手引き（平成30年度版）」によれば，「各地区のまちづくり協議会の事業（運営・活動）を行うために要する費用の全部又は一部を交付することにより，当該まちづくり協議会の安定した運営と主体的・自主的な活動を支援し，もって，人と人とのつながりを大切にし，地域の力が発揮できるまちづくりに質することを目的」とするものである。

　交付金の対象事業は，「地域の身近な問題解決や地域活性化を目的として，まちづくり協議会が実施する次に掲げる事業」と定めている。2018年度は，以下のように定められている。

1. 運営事業…まちづくり協議会の組織運営に関する事業
     事務所の経費，事務局の運営経費，総会，役員会，運営委員会及び理事会等の開催経費等
2. 活動事業…下関市住民自治によるまちづくりの推進に関する条例施行規則第5条第1項に掲げる活動を行う事業
     ① 情報共有・広報活動，② 地域の課題解決に向けた共助活動，③ 地域交流活動，④ 地域資源の活用，⑤ まちづくり計

　　　画に関する情報収集活動，⑥ 市と協働の活動，⑦ 地域の意
　　　見集約活動，⑧ その他のまちづくり活動
　3．　まちづくり計画策定事業…まちづくり計画の策定に関する事業
　4．　地域力アップ事業…地域力向上に資する事業

　以上の対象事業に対してまちづくり交付金はどのように定められているのか。まちづくり協議会への交付額は，交付対象経費の実支出額と当該まちづくり協議会の交付金の上限額とを比較し，いずれか少ない額とし，交付金の上限額は，次のとおり ① 均等割額【2018年度1,500,000円→2019年度1,800,000円変更】，② 世帯割額【120円×世帯数】，③ 加算額1（過疎地域の協議会）【200,000円】，④ 加算額2（中学校区が2校区ある協議会）【上限200,000円】，⑤ 加算額3（六連島，蓋井島を含む協議会）【上限200,000円】，⑥ 加算額4（まちづくり計画策定に取り組む協議会）【上限200,000円/1年度】，⑦ 加算額5（地域力アップ事業に取り組む協議会）【2018年度上限300,000円/1年度17事業→2019年度上限300,000円/1年度3事業に変更】を設定し，これらの合算額を当該まちづくり協議会の交付金の上限額としている。

　なお，交付金額は2015年度及び2016年度が300万，2017年度は前年度の倍額の600万，2018年度は再び300万に戻るという制度変更があった。また，前掲の「地域力アップ事業」は，インセンテイブ制度として，2018年度より新たに加わった交付対象事業であるが，前述のように18年度は17事業（総額510万）の枠があったが，2019年度より3事業（90万）となっている。また，先述の「地域サポート職員」は，2016年度から3カ年にわたって1地区1名配置の17名であったが，2018年度からは1人2地区担当に変更され，2018年度は合計9名となっている。また，2017年度から「税理士の配置」が始まった。2017年度は1協議会に月1回の訪問であったが，2018年度からは2カ月に1回に変更になっている。加えて，まちづくり推進を進めてきた「まちづくり推進部まちづくり支援課」は，2018年4月より「市民部まちづくり政策課」へと組織改正がされた。

(2) まちづくり協議会に関するアンケート調査結果にみる政策評価

　先述のとおり，筆者らが訪問した2016年11月の段階で，すでに17地区でまちづくり協議会が設置され活動が展開されていた。そこで，まちづくり支援課では，まちづくり協議会の現状を把握し，今後の取り組みの参考とすることを目的として，2017年7～8月，17地区のまちづくり協議会に対し，アンケート調査を実施した。調査内容は，Ⅰ，まちづくり協議会の運営について，Ⅱ，まちづくり協議会の活動について，Ⅲ，市の支援について，Ⅳ，まちづくり協議会について，Ⅴ，まちづくり協議会役員及び代議員の年齢構成の項目となっている。以下，調査結果の概要を紹介しよう（下関市まちづくり推進部　2017）。

　まず，「Ⅰ，まちづくり協議会の運営について」をみると，「新たな人材が加わっているか」の問いではやや感じているが47％，「若者世代の参加の必要性」を感じているかの問いでは非常に感じているが65％，「女性の参加の必要性の問い」では非常に感じているが41％，やや感じているが57％，「事務局業務の負担の重さ」については，あまり感じていないが41％で最も多い。

　次に「Ⅱ，まちづくり協議会の活動について」をみると，「まちづくり協議会が優先して取り組むべき課題」の問いには，高齢者支援（13協議会），子ども子育て支援（8協議会），観光交流活動（6協議会），防災活動（5協議会）地域交流活動（5協議会），環境保全活動（4協議会），人口移住活動（4協議会），防犯活動（1協議会），その他（1協議会）の結果になっている。「協議会の活動が地域課題の解決につながっているか」の問いには，やや感じているが65％，「協議会の活動が地域の活性化につながっているか」の問いには，やや感じているが59％，「地域の将来像を描く『まちづくり計画』の策定の必要性」の問いには，やや感じているが41％で最も多く，「自主財源の必要性」の問いには，非常に感じているが41％，やや感じているが41％となっている。「Ⅲ，市の支援について」をみると，「地域サポート職員がもっと事務局運営に関わるべきか」の問いには，非常に感じているが29％，やや感じているが23％であり，「補助金からまちづくり交付金への変更に伴う対象経費の拡充や制限の緩和」の問いにはやや感じているが53％，「市がもっと支援すべき施

策」の問いには，交付金（9協議会），人材の発掘・育成（7協議会），サポート職員のかかわり方（5協議会），先進事例の情報提供（5協議会），活動拠点の整備・確保（4協議会）の順となっている。

「Ⅳ，まちづくり協議会について」をみると，「地域住民の認知」についての問いには，やや感じているが59%，あまり感じていないが29%となっている。「課題」の問いには，やや感じているが59%，あまり感じていないが29%となっている。具体的な課題の内容をみると，活動の担い手不足（13協議会），リーダー不足（6協議会），自主財源の確保（5協議会），地域住民のまちづくり意識の不足（5協議会），地域住民への周知・情報発信の不足（2協議会），活動資金の不足（1協議会），その他（1協議会）の順となっている。

最後に，「Ⅴ，まちづくり協議会役員及び代議員の年齢構成」をみると，「まちづくり協議会役員」は，男性219人に対して，女性は23人で，女性の割合はわずか9.5%に過ぎないのに対して，代議員は，男性724人に対して，女性は274人であり，女性の割合は27.4%となっている。年齢をみると，役員では男性の場合，60歳代が32.9%，70歳代が32.4%で，全体の65%を占める。女性の場合は，60歳代が39.1%で最も多く，50歳代が26.1%で，全体の65%を占めている。「代議員」では，男性の場合，役員と同様に傾向にあり，60歳代，70歳代で全体の67.6%を占める。女性の場合は，60歳代が最も多く35%を占め，次いで70歳代26.6%となっている。

以上のように，役員及び代議員の9割が男性および高齢化の実態を反映して，若者や女性の参加の要望が高い。まちづくり活動の課題としては，高齢者支援が最も多く，次いで子ども子育て支援，観光交流，防災，地域交流等があげられ，まちづくり協議会の活動が，地域課題の解決や地域の活性化につながっていると感じている協議会が6割を超えていることは興味深い。また，「まちづくり計画」の策定の必要性を7割の協議会が感じていることは，今後の協議会の方向性が読み取れる。まちづくり協議会の地域住民の認知は6割の協議会が感じている一方で，感じていないが3割を超えていることは，早急に解決すべき問題である。また，今後の課題としてあげられた活動の担い手不足や

表７－２　まちづくり協議会役員及び代議員の年齢構成

	構成	20代以下	30代	40代	50代	60代	70代	80代以上	合計
役員	男性		4	11	41	72	71	20	219
	構成比率%		1.8	5.0	18.7	32.9	32.4	9.1	100.0
	女性			2	6	9	5	1	23
	構成比率%			8.7	26.1	39.1	21.7	4.3	100.0
	合計		4	13	47	81	76	21	242
	構成比率%		1.7	5.4	19.4	33.5	31.4	8.7	100.0
代議員（役員除）	男性		17	70	105	267	223	42	724
	構成比率%		2.3	9.7	14.5	36.9	30.8	5.8	100.0
	女性	1	15	35	51	96	73	3	274
	構成比率%	0.4	5.5	12.8	18.6	35.0	26.6	1.1	100.0
	合計	1	32	105	156	363	296	45	998
	構成比率%	0.1	3.2	10.5	15.6	36.4	29.7	4.5	100.0

出典：下関市まちづくり推進部「住民協議会アンケート調査報告」（2017年）より作成

リーダーの不足といった人材の問題が全体の６割を占めていることは重く受け止めるべきであろう。それゆえ，市への要望として，人材の発掘・育成が，交付金や地域サポート職員との関わり方と並んであげられていることは納得できる。

4　まちづくり協議会の事例研究

　前掲のまちづくり協議会会長に対して行った「アンケート調査」では，まちづくり協議会は人材不足の問題や資金の問題を抱えているものの，地域課題の解決や地域の活性化につながっているとの認識は高かった。この結果から政策的意義は十分認められるものと判断できよう。

　そこで，まちづくり協議会の運営と活動実態を明らかにすべく，まちづくり推進部まちづくり支援課のご協力を得て，中心部からは西部地区，周辺部からは豊田地区と豊浦地区の３つのまちづくり協議会の訪問調査を，2017年11月22日～24日，2018年8月25日～26日及び11月2日～4日に実施した（図

7 - 1 参照)。以下は，調査結果の概要である。

図7 - 1 地区まちづくり協議会

出典：http://www.city.shimonoseki.lg.jp/www/contents/1547704997951/files/h30d_
　　jireisyu.pdfhttp//

(1) 西部地区まちづくり協議会の事例

① 西部地区の地区特性とまちづくり協議会の概要

　西部地区は，JR下関駅を囲む地区であり，地区内にはグリーンモール商店

街や大歳神社，下関漁港を擁し，概ね文洋中学校区（関西小学校，桜山小学校）を範囲とする。町名では，豊前田町一丁目の一部，丸山町三丁目の一部，関西町，関西本町，長崎本町，長崎新町，長崎中央町，笹山町，上条町，長崎１丁目，桜山町，神田町２丁目の一部，西神田町，山手町，筋川町，西大坪町，南大坪町，上新地１～５町目，新地西町，新地町，今浦町，伊崎町１～２丁目，長門町，竹崎町１～４丁目，大和町１～２丁目，東大和町１～２町目の範囲である。まちづくり協議会の事務所は，漁港近くの伊崎町１丁目にある西部公民館内に置かれている。

　2018年10月１日現在の人口は12,040人，世帯数は7,453世帯である。高齢化率は40％を超えているという。訪問調査は2017年11月，2018年８月28日および11月２日に実施した。2017年訪問時のインタビュー調査では，西部地区の課題として，第１に地区内の多く存在する改良住宅の建て替えの問題，第２に地区内の空き家の問題，第３に高齢者のゴミ出しや買い物の問題，第４に若者や子供たちの人口定住の問題があげられた。

写真７－１　インタビュー調査を終えて
（2018年11月2日撮影）

　西部地区まちづくり協議会の発足は，2016年２月２日である。設立総会には，設立準備委員をはじめ代議員59名が出席し，発足時のまちづくり協議会は８つの自治会連合会（今浦，新地，伊崎，上新地，長崎，大和町，八幡町

八交会）と域内の小・中学校 PTA や後援会，各子供会連合会，体育振興会，保健推進協議会，民生児童委員協議会，老人クラブ連合会西部支部等々26の活動団体と公募による委員から構成されている。同年 6 月 5 日の通常総会には大坪第 3 自治連合会が加入し28団体となったが，2018年 6 月末現在の参加団体数は20団体である。

　まちづくり協議会の構成団体は，上記 9 つの自治会連合会，コミュニティスクール運営協議会（文洋中），3 つの PTA（文洋中学校，関西小学校，桜山小学校），2 つの子供連合会（桜山校区，関西校区），文洋校区青少年補導員，桜山地区体育振興会，2 つの児童民生委員協議会（西部第 1，第 2），老人クラブ連合会西部第 1 支部，少年相談員，2 つの小学校後援会（桜山小，関西小），下関保護区保護司会西支部，公募の 2 団体となっている。2018年年度の役員は，会長 1 名，副会長 4 名，事務局長 1 名，会計 1 名位，監事 2 名，総務部会長 1 名，福祉部会長 1 名，教育部会長 1 名，安心・安全部会長 1 名の計13名となっている。役員13名は自治会連合会から 9 名，コミュニティスクール運営協議会（文洋中）1 名，グリーンモール商店街 1 名，西部第 2 児童民生委員協議会 1 名，文洋中学校 PTA 1 名，文洋校区青少年補導員 1 名の代表から構成されている。なお，役員及び代議員の年齢構成は表 7 - 3 のとおりである。

表 7 - 3　西部地区まちづくり協議会役員及び代議員の年齢構成

	構成	20代以下	30代	40代	50代	60代	70代	80代以上	合計
役　員	男性			1	1	5	3	2	12
	女性					1			1
	合計			1	1	6	3	2	13
	構成比率%			7.7	7.7	46.2	23.1	15.4	100.0
代議員 (役員除)	男性	1	2	2	17	11	3		36
	女性			5	6	7	2		20
	合計	1		7	8	24	13	3	56
	構成比率%	1.8		12.5	14.3	42.9	23.2	5.4	100.0

出典：下関市まちづくり推進部「住民協議会アンケート調査報告」（2017年）より作成

　西部地区まちづくり協議会組織は，総会，運営委員会，その下に総務部会，福祉部会，教育部会，安全・安心部会が置かれ，部会活動を行っている。

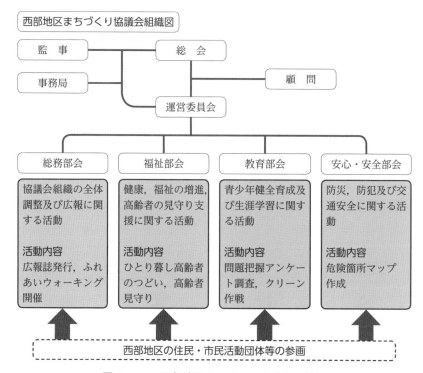

図７－２　西部地区まちづくり協議会組織図
出典：「西部まち協だより」「平成30年度総会資料」より作成

　2018年度の事業計画を紹介すると，総務部会では，「広報誌」の発行，福祉部会では，地域の高齢化率が40％を超える実態を踏まえ，2017年６月より月１回「オレンジカフェつづみ」を開催している。教育部会では，「まちづくりフェスティバル（多世代交流）」に加え，2017年新たに学習支援・食育・運動体験を柱とする「照子親」を立ち上げ，月１回運営・実施している。夏休み期間中は，８日開催されている。以下では，福祉部会と教育部会および地域力アップ事業を取り上げ，紹介しよう。

②　福祉部会による「オレンジカフェつづみ」

「オレンジカフェつづみ」は2017年5月から，毎月第1週目の土曜日13：30～15：00，西部公民館にて，西部地区まちづくり協議会福祉部会が主催し，西部地区地域包括支援センター及び西部第1・2民生児童委員協議会との共催を得て実施しているカフェである。2018年度は，月1回の計12回の開催が計画・実施されている。毎回25名程度のスタッフ（民生・児童委員60代～70代）と，30～35名の参加者があるという。ちなみに，福祉部会会長は76歳の民生・児童委員である。

筆者らは，2018年11月3日（土）に開催されたオレンジカフェにお邪魔した。当日は受付，飲食の準備，案内などを，男性10名，女性10名のスタッフで運営されていた。参加者は26名で，その多くが60代から70代の女性であった。当日のプログラムは，13：00～紙芝居，14：00～地域包括センター職員による情報提供，14：10～手品のパフォーマンスと体操であった。前半の紙芝居ではお茶とお菓子のサービスを受けながらの観賞であり，会場はのどかな雰囲気に包まれていた。後半の手品のパフォーマンスは，会場を和室に移して

写真7-2　「オレンジカフェつづみ」当日案内
（2018年11月3日撮影）

始まり，熱気に包まれていた。

③ 教育部会による「照子親」と「まちづくりフェスティバル（多世代交流）」

「照子親」は，2017年4月から開設された。地域の子どもたちの育成を目的として，学習支援・食育・運動体験を柱に，文洋中学校を会場として，様々な事業を実施している。2017年度は，「自然体験」としてタケノコ掘り（4月），潮干狩り（5月），バス旅行（10月），宿泊学習（8月），「食育体験」としてあさりパーティ（5月），手づくりパン教室（6月），「スポーツ体験」としての吉見地区網引き祭りへの参加，「芸術体験（音楽）」としてのレ・サンクコンサートへの参加（6月），「特別企画」として，「母の日」アレンジフラワー教室（5月），「敬老の日イベント」（9月），「地域交流体験」として，Kananowaのハロウィン参加，というように，ほぼ1カ月に1～2回の事業が実施されている。また，「夏休みロング企画」として，7月24日～8月17日，勉強会が開催されている。午前は勉強会，昼食は保護者と一緒に料理を作り（食育体験），午後は「スポーツ体験」や地域の方を先生として「木工教室」「習字教室」「囲碁教室」が催された。

2018年度上半期に実施された活動を紹介すると，「食育体験」として河童汁づくり＆唐戸市場見学（4月），「自然体験」としてタケノコ掘り体験（4月），いちご狩り（6月），「地域交流体験」としてタケノコ調理実習＆お勉強の仕方講座（5月），「亀の子お田植え祭り」（6月），維新150周年記念事業「志」プロジェクト（5月，2回），「花いっぱい運動」（5月，6月），また，「夏休みロング企画」としての「勉強会」は昨年と同じ期間と同じような企画で実施されている。

「まちづくりフェスティバル」は，多世代交流を目的としており，2016年度は11月28日神田小学校を会場に，西部地区4小中学校PTAと協力して，11時30分からバザーとステージイベントが開催された，2017年度は9月30日，桜山小学校を会場に，西部地区3小中学校PTAと協力して，15時からはバザー，フリーマーケット，17時からステージイベントが始まり，平家おどり

総踊りをフイナーレで終わった。なお，2018年度は西部地区公民館にて開催
される西部地区文化祭が40周年を迎えるため，「まちづくりフェスティバル」
は開催せず，文化祭と共催で「海峡戦士タイガーフークショー」を開催し，子
供たちにいじめについて考えさせるイベントを実施した。

④　「復活グリーンモール焼肉ストリート＆ビアガーデン」（2018年度 「地域力アップ」事業）

　さて，西部地区の中心には「グリーンモール商店街」がある。「グリーン
モール商店街」の前身は，第二次世界大戦後直後形成されていた闇市が「長門
竹崎市場」として整備されるとともに，「邦楽座通り」と「買い物公園通り」
が整備された1976年9月，現在の「グリーンモール商店街」と命名された。
「グリーンモール商店街」の事業として広く知られている「リトル釜山フェス
タ」は，2011年から毎年11月23日開催され，1日で2万人から4万人を集
客する大イベントに発展している。「リトル釜山フェスタ」の名称は，在日韓
国朝鮮人が経営する飲食店や食材店，服飾店が混在し，釜山市と下関市を行き
来するポッタリの拠点として「リトル釜山」と呼ばれていたことに起因すると
いう。現在でも，焼肉・韓国物産・食材販売店など200以上の店が営業してい
る商店街である，西部地区にとって，「グリーンモール商店街」の持続的発展
が地域の活性化につながることはいうまでもない，こうしたなか，「グリーン
モール商店街」で飲食店を構える30代・40代の若手経営者3人から，5年前
まで商店街が開催していた「グリーンモール焼肉ストリート＆ビアガーデン」
を復活したいという声があがった。まちづくりの担い手として若者世代を発掘
したいと思っていたまちづくり協議会は，これを「復活グリーンモール焼肉ス
トリート＆ビアガーデン」事業として，「地域力アップ事業」に応募し採択さ
れた。

　こうした経緯のもと，「復活グリーンモール焼肉ストリート＆ビアガーデ
ン」が，2018年9月1日（日）17時から21時まで開催された。小雨降るなか，
400人近くの参加があったという。1皿ワンコイン（500円）での肉の提供が
好評であり，子ども向けの「お楽しみコーナー」を企画していたこともあり，

家族での参加が目立ったという。2018年8月及び11月の訪問時のインタ
ビュー調査では，事務局長のＡ氏は，本事業の企画及び実施をとおして，「グ
リーンモール商店街」の30代・40代の若手が発掘されたことを評価し，「次の
まちづくりの担い手としてつなげていきたい」と語ってくれた。

オープンテラスの会場風景

写真７‐３　「復活グリーンモール焼肉ストリート＆ビアガーデン」
（2018年９月１日の様子）
出典：「西部地区まち協だより」第７号より転載

(2)　豊田地区まちづくり協議会の活動

　豊田地区は，中国山地の西端の山々に周囲を囲まれ「ホタルといで湯の里」
として親しまれ，古くから赤間関街道・肥中街道・長府街道が通り長門鉄道の
発着点となるなど，交通の要衝として栄えてきた歴史を持ち，市内でも有数の
観光資源をもっている。豊田地区まちづくり協議会は，旧豊田町を構成する殿
居地区，豊田中地区，三豊地区，西市地区，豊田下地区を範囲とする豊田中学
校の校区から構成される（図７‐１参照）。2018年10月１日現在の人口は
5,100人，世帯数は2,392世帯となっている。まちづくり協議会の事務所は，
豊田生涯学習センター内に置かれている。訪問調査は2017年11月24日，
2018年８月24日に行われた。
　豊田地区まちづくり協議会は，2015年７月28日第１回設立準備会世話人会

の開催からほぼ半年の検討を経て，2016年 1 月31日設立総会協議会が開催され，ここから豊田地区まちづくり協議会が正式にスタートを切った。地区まちづくり協議会の組織は，総会の下に，運営員会，その下に町全体のネットワーク（豊田町ネットワーク）と 5 つの地区ネットワーク（ネットワーク殿居，ネットワーク豊田中，ネットワーク三豊，ネットワーク西市，ネットワーク豊田下）がある。ネットワークは，まちづくり協議会の活動を推進するための活動を行う目的で設置されている。それぞれのネットワークの下に，ふれあいグループ（統括的なことに関する活動），ふるさとグループ（安心・安全，文化等に関する活動），すこやかグループ（社会教育，福祉等に関する活動）が置かれ，その下に各種の団体がはりついている。この全体を総会代議員とし，2017年 5 月20日現在，代議員総数は158名（うち公募代議員 3 名）であり，団体総数167にのぼっている。

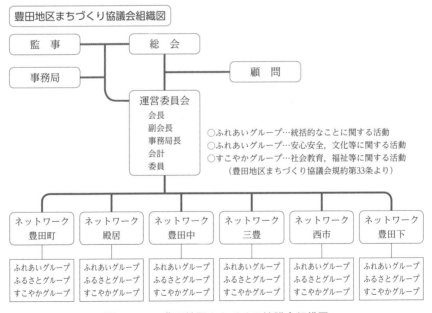

図 7 - 3　豊田地区まちづくり協議会組織図
出典：「平成30年度豊田地区まちづくり協議会総会資料」より作成

役員会は，会長1名，副会長6名，事務局長1名，会計1名，委員20名以内，監事2名となっており，副会長はネットワーク長であり，委員はネットワーク副長からなることが規約で明記されている。

2017年5月20日現在，豊田自治会連合会と5つの地区自治会連合会（殿居地区3名，豊田中地区2名，三豊地区1名，西市地区1名，豊田下地区2名），下関市商工会豊田町支所，ふるさと豊田の歴史塾，下関市商工会青年部豊田町支部，いなほ倶楽部，下関市連合婦人会豊田地区婦人会，豊田町観光協会，公募員1名，豊田中地区社会福祉協議会，三豊公民館，三豊地区スポーツ振興会，西市公民館，豊田中学校ふるさと教育ネット，青少年健全育成豊田下地区民会議，下関市社会福祉協議会豊田支所，JA殿居女性部の代表25名となっている。

なお，役員及び代議員の年齢構成は表7−4のとおりである。

表7−4　豊田地区まちづくり協議会役員及び代議員の年齢構成

	構成	20代以下	30代	40代	50代	60代	70代	80代以上	合計
役員	男性		1	1	2	14	5		23
	女性						1	1	2
	合計		1	1	2	14	6	1	25
	構成比率%		4.0	4.0	8.0	56.0	24.0	4.0	100.0
代議員（役員除）	男性		2	13	14	45	22	6	102
	女性		6	2	4	12	7		31
	合計		8	15	18	57	29	6	133
	構成比率%		6.0	11.3	13.5	42.9	21.8	4.5	100.0

出典：下関市まちづくり推進部「住民協議会アンケート調査報告」（2017年）より作成

以上のような組織体制をとっているため，まちづくり協議会の活動は，ネットワーク毎に検討を重ねた年間計画に基づいて展開している，筆者らが訪問した折，まちづくり事務所の壁には，各ネットワークから提起された「地域の課題」が書かれた模造紙が張られていたことが大変印象的であった。

当日いただいた資料から，まちづくり協議会の活動を紹介すると，2015年度は「恋活」（婚活イベント，2回），グラウンドゴルフ大会（2回），2016年

写真７−４　インタビュー調査を終えて
(2017年11月24日撮影)

度４月からの「みまもり隊」の活動，ホタル祭りにあわせた「ハッピの作成」，「花いっぱい運動」，「招魂場」の整備，「空き家調査」の実施，「落語会」の開催，「旧肥中街道の整備」「ノルディックウォーキング」であり，2017年度は，「ホタル祭り50周年記念誌とよたの」創刊号編集，「空き家」調査のとりまとめ，「花いっぱい運動」，ホタル祭りでの「ハッピの活用」，「イベント広場の建設」検討，「招魂場」の整備，「小・中学生の合同宿泊キャンプ」，「肥中街道周遊スロージョギング・ウォーキング」「蛍籠プロジェクト支援」「クリスマス」「ホテル祭り」「観月会」「広報誌」の発行，「ホームページ」の開設，「恋活とロックフェスティバル」，その他となっている。

　2018年８月24日には，再びまちづくり協議会会長から2018年度の事業についてお話を伺った。2018年度豊田地区まちづくり協議会では，「花いっぱい運動」事業を「地域力アップ事業」に応募し，30万の交付金を得ている。また，近隣３つの地区まちづくり協議会と観光協会，他の団体との共催で，地域の歴史遺産である長門鉄道の「メモリアル長門ぽっぽ事業100」を開催した。

　以上のように豊田地区まちづくり協議会は，組織面からすると，豊田地区全体と５つの地区を基本とする仕組みから構成され，各地区のネットワーク組織とグループ組織の検討に基づく下からの活動体制を作りあげている。その結

果，上述のような多様なイベントを中心とする活動が活発に展開していた。その要にあるのは，本年50周年を迎えた「ホタル祭り」があり，豊田町の住民のアイデンティティの源泉となっていることを知らされた。

そこで，2019年6月8日に開催された「ホタルの祭典」にお邪魔した。昨年50周年を迎え，『豊田ホタル祭り50周年記念誌とやたの』が発刊され，今年は51回目となる。全国初の「ホタル舟」の運行や「ほたる鑑賞バス」も運行されている。「豊田ホタルの里ミュージアム」では，蛍籠作り教室が開催され，親子づれであふれていた。イベント会場は2つ設けられ，まちの中心の「道の駅」が本部となっていた。

写真7－5　ホタル祭りの会場でホタルの竹灯籠
(2018年6月8日撮影)

人口減少，高齢化，少子化を背景として，豊田地区まちづくり協議会の「ふれあいグループ」からは，空き家の有効活用，学校統廃合による建物と跡地の有効利用，住みたくなる環境づくり，インフラ整備，有害鳥獣対策，農業振興，林業振興，主要道路整備，道路維持が地域課題として整理され，「ふるさとグループ」からは，防犯・防災，地産地消活動，観光開発，伝統文化，史跡の復

元，既存祭りの活性化，イベント関連として整理され，「すこやかグループ」では，高齢化対策，少子化対策，世代間交流，健康づくり・スポーツの推進，学校教育，地域社会での教育，環境美化・ごみ対策，環境保全対策として整理されている。このような地域課題に対して，上述の堅固な組織体制でいかに乗り越えていくかが期待される。

(3)　豊浦地区まちづくり協議会の事例

　豊浦地区は下関市の北西に位置し，海と山に囲まれた自然環境と温泉を擁する観光資源に恵まれている。豊浦地区まちづくり協議会は，旧豊浦町を構成する室津地区，黒井地区，川棚地区，小串地区，宇賀地区を範囲とする（前掲図7-1参照）。同地区は室津地区・黒井地区を校区とする豊洋中学校と，川棚地区・小串地区・宇賀地区を校区とする夢が丘中学校の2つの中学校の校区である。2018年10月1日現在の人口は17,070人，世帯数は8,008世帯となっている。豊浦まちづくり協議会の事務所は，山陰本線「川棚温泉駅」の豊浦コミュニティ情報プラザ内に置かれている。訪問調査は2017年11月，2018年8月28日に実施した。また，後述するとおり，2018年11月3日に開催された「第3回みかんDeデート」に参加させていただいた。

　豊浦地区は，2015年5月にはまちづくり協議会設立準備会（31団体）をスタートさせ，協議会設立に向け全戸配布の広報誌を作成するとともに，中学3年生（夢が丘中78名，豊洋中48名）及び構成団体へのまちづくりアンケート調査（830名：83％の回収率，豊浦町住民の4.6％）を実施し，取り組む課題とその優先度（雇用の確保，医療環境の充実，観光拠点の整備，農業の振興と担い手対策，道の駅の整備，少子化対策，独居高齢者の見守り，買い物弱者対策，家庭内介護・認知症対策，山陰線乗継ぎ改善）などが明らかになり，これを参考として少子化対策部会，地域活性化部会，生活環境部会，医療・福祉都会，文化・スポーツ部会が設置されることになった。

　8月には代議員を募集し，構成団体から選出された34名，公募代議員12名の46名が決定した（男性37名，女性9名）。10月の「まちづくりフォーラム」

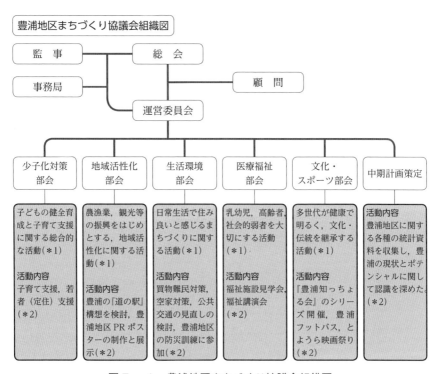

図7－4　豊浦地区まちづくり協議会組織図

（＊1）　豊浦地区まちづくり協議会規約第29条より
（＊2）　豊浦地区まちづくり協議会29年度事業報告より
出典：「まちづくりとようら」「平成30年度総会資料」より作成

の開催を経て，11月28日設立総会が開催された（2017年11月24日調査訪問時の資料）。

　2016年5月には2016年度の総会が開催され，各部会の事業計画が承認されたと同時に，7月にはのぼり作成ワークショップや豊浦総合支所との懇談会，認知と評価に関するアンケートの実施と，まちづくりフォーラムが開催された。部会活動をみると，少子化対策部会では，婚活イベント「みかんDeデート」（2016，17年度）「病児保育」の受入施設の検討・協議の取り組み，地域活性化部会では，「道の駅」の議論開始（2016，17年度），各地区の「名所・旧跡マップ」の作成の取り組み，生活環境部会では，「空き家調査」と「バスルー

ト」の検討（2016年度），「移動販売車」の運行（2017年度），「総合支所交通対策課との協議」及び「宇賀地区の防災訓練の見学」（2017年度），医療・福祉部会では，「困りごと相談会」（2016年度），「施設見学会」と「相続に関する講演会」（2017年度），文化・スポーツ部会では，「豊浦しっちょる会」の開催（2017年度），「とようらフットパス」の開催（2016，17年度），「とようら映画祭り」（2016年度，17年度）などが実施されている。この他に，2017年度から「地域枠予算」が設けられ，地区の課題解決に向けた活動にあてられ，また「中期計画」の策定活動を設けた。また，豊浦地区まちづくり協議会では広報活動に力を入れており，2016年度からは広報誌が発行され，2017年度からは部会報が発行されるようになった（2017年11月24日調査訪問時の資料）。ホームページも充実しており，筆者らの訪問時には，地区紹介から始まり，活動紹介のプレゼンテーションをご用意いただき，ここから豊浦まちづくり協議会の広報力を感じ取ることができた。

写真7-6　インタビュー調査を終えて
（2017年11月24日撮影）

　ところで，前述のとおり，豊浦地区まちづくり協議会の構成団体は31団体で，以下のとおりである。5つの自治会連合会（宮津地区，黒井地区，川棚地区，小串地区，宇賀地区），豊浦町PTA連合会，2つのコミュニティスクール運

営協議会（夢が丘中学校，豊洋中学校），下関市商工会豊浦支所，下関市老人クラブ連合会豊浦支部，豊浦町体育協会，豊浦地区民生児童委員協議会，下関市社会福祉協議会（豊浦地域），豊浦地区子ども会連合会，豊浦町青少年育成町民会議，下関市豊浦町女性団体連絡協議会，下関市保健推進協議会豊浦地区保健推進委員会，下関市豊浦町ふるさとづくり推進協議会，下関市食生活改善推進協議会豊浦支部，下小野地域活性化協議会，室津地区活性化推進協議会，豊浦文化協会，豊浦町水産振興会，宇賀地区活性化協議会，下関市消防団豊浦方面隊，川棚温泉まちづくり株式会社，豊浦町観光協会，下関市農業協同組合豊浦支所，豊浦ライオンズクラブ，豊浦地域包括支援センター，公募となっている。2017年度役員会の構成をみると，5地区の自治会連合会，文化協会，2つのコミュニティスクール運営協議会，商工会，体育協会，農業協同組合の他に，公募代議員が2名入っていることに注目したい（2017年度豊浦地区まちづくり協議会総会資料）。

　なお，役員及び代議員の年齢構成は表7－5のとおりである。

表7－5　豊浦地区まちづくり協議会役員及び代議員の年齢構成

	構成	20代以下	30代	40代	50代	60代	70代	80代以上	合計
役　員	男性		1	2	1	1	7		12
	女性				1				1
	合計		1	2	2	1	7		13
	構成比率%		7.7	15.4	15.4	7.7	53.8		100.0
代議員（役員除）	男性		1	3	5	13	10	2	34
	女性		2	1	2	2	2		9
	合計		3	4	7	15	12	2	43
	構成比率%		7.0	9.3	16.3	34.9	27.9	4.7	100.0

出典：下関市まちづくり推進部「住民協議会アンケート調査報告」（2017年）より作成

　2018年8月25日に実施した2度目の訪問調査において，2018年度はこれまでの活動に加えて新たに「まちづくり計画策定事業」に応募し，20万の交付金を得ていたことが分かった。筆者は，2018年11月4日，少子化部会の事

業である「みかん DE デート」を見学させていただいた。今回で連続３回の開催となるが，29名（男性15名，女性14名）の参加者があり，和やかな雰囲気の中で始まり，自己紹介，バーベキュー，ミカン狩りという流れでイベントは終了した。結果３組のカップルが誕生した。少子化部会のメンバーは子育て期の40代の男女であることが印象的であった。

写真７−７　第３回みかん De デートの様子
（左：2018年11月４日筆者撮影）（右：「豊浦まちづくり協議会会報」13号より転載）

　以上のように，豊浦地区まちづくり協議会は，設立準備会の段階から活発な活動を展開し，役員会，代議員会の構成において「公募」枠を設けていることも特徴的である。部構成については，アンケート調査結果における地域の課題に基づいていること，また，地域の課題が，雇用の確保，医療環境の充実，観光拠点の整備，農業の振興と担い手対策，道の駅の整備，少子化対策，独居高齢者の見守り，買い物弱者対策，家庭内介護・認知症対策，山陰線乗継ぎ改善など多様になっていることから，これに対応するように，豊浦地区まちづくり協議会の構成団体は，自治会連合会はもとより，前掲のとおり，経済・産業団体，医療・福祉団体施設，交通・環境・防災・防災団体，まちづくり団体など多様な団体から構成されていることも特徴的である。また，すでにまちづくり

の「中期計画」の策定活動も予定されており，今後の展開を期待させる。

5　おわりに

　ところで，前述のように2015年度から推進されてきた「まちづくり協議会の設置及び支援事業」は，この４年間で交付金の大幅な削減を含めた制度変更があった。こうした制度変更が，ようやく軌道に乗り始めた地区まちづくり協議会活動にいかなる影響を及ぼしているかの解明が，調査課題として浮上してきた。そこで，2017年11月に訪問した西部地区まちづくり協議会，豊田地区まちづくり協議会，豊浦地区まちづくり協議会の現地調査を実施した，2018年度は８月及び11月，同３地区のまちづくり協議会を対象に，まちづくり交付金の減額に伴う活動の変化を中心に調査を実施することにした。

　その結果，西部地区まちづくり協議会では役員交替があったが，豊田地区まちづくり協議会と豊浦地区まちづくり協議会は，2017年度訪問時の役員体制（運営委員会）及び部会構成に変化はなかった。豊田・豊浦両地区まちづくり協議会の役員体制（運営委員会）は，豊田地区においては，会長が自治会連合会長，副会長は６地区の自治会会長６人（＝ネットワーク会長），委員は６地区のネットワークの副会長20名から構成されている。豊浦地区においては，地区内の各種団体選出＋公募代議員から構成されている。以上から，豊田地区まちづくり協議会は地域ネットワーク型，豊浦まちづくり協議会は団体・公募連携型，そして西部地区まちづくり協議会は既存地縁型というように類型化できよう。

　また，３地区のまちづくり協議会は，交付金の減額に対応したまちづくり活動を展開していた。西部地区まちづくり協議会では「地域力アップ事業」に，豊田地区まちづくり協議会では「地域力アップ事業」に，豊浦地区まちづくり協議会では「まちづくり計画策定事業」に応募し，補助金を得ていた。つまり，いずれのまちづくり協議会においても，交付金が減額されたからといって活動の停滞はみられず，むしろ活発であった。

　以上，西部地区，豊田地区，豊浦地区のまちづくり協議会の運営と活動実態を紹介してきたが，組織面からみると，それぞれ独自の構成と運営体制をもっていることが明らかになった。それは，これまでの地域の歴史—とりわけ豊田地区と豊浦地区は合併以前のまちの枠組みがあり，地区内の自治の歴史を踏まえて，両まちづくり協議会ともに工夫されていることが明らかになった。まちづくり協議会政策の目的が，地域内分権と自治であるならば，地域の自治の歴史に根差した仕組みづくりは妥当なことである。あらためて地域の歴史，風土，文化，経済，社会の独自性と自律性が，まちづくりには不可欠であることを再認識できる。また，3地区のまちづくり協議会の活動は，中心部である西部地区と，周辺地域の豊田地区と豊浦地区では，地域課題も異なっているものの，いずれの地区も人口減少，高齢化という問題は緊要な共通問題であることから，その課題解決に向けた下関市内での地域連携が模索されてもいいようにも思える。いずれにしても，3地区のまちづくり協議会の活動は，地域住民のニーズに対応し，現在できることを着実に取り組んでいることは問違いない。

《注》─────────────────────────────────
(1)　『第3次下関市市民活動促進基本計画』（2016年3月）資料編に基づく。

【引用・参考文献】─────────────────────────────
下関市，2015，『第2次下関市総合計画』
　──，2015，『下関市住民自治によるまちづくり推進計画』
　──，2015，『連携中枢都市宣言（2015年9月30日）』
　──，2015，『下関市人口ビジョン』
　──，2015，『下関市まち・ひと・しごと創生総合戦略』
　──，2016，『第3次下関市市民活動促進基本計画』
　──，2018，『下関市まちづくり交付金事務の手引き【平成30年版】』
　──，2019，『平成30年度まちづくり活動事例集』（www.city.shimonoseki.lg.jp/www/contents/1547704997951/files/h30d_jireisyu.pdf）
下関市まちづくり推進部，2017，『まちづくり協議会アンケート調査報告』
下関市市民部まちづくり政策課，2018『平成29年度まちづくり活動事例集』www.city.shimonoseki.lg.jp/www/contents/1547704997951/files/h29d_jireisyu.pdf
下関市連合自治会，2015，『下関連合自治会（平成27年度）』
　──，2018，『下関連合自治会（平成30年度）』
下関市西部まちづくり協議会，2018，『西部まちづくり協議会通常総会資料』

――，2018，『西部まち協だより』第6号（2018年8月1日発行）

下関市豊浦まちづくり協議会，2018，『豊浦まちづくり協議会通常総会資料』

　　――，2018，『豊浦まちづくり協議会会報』第18号（2018年12月21日発行）

下関市豊田まちづくり協議会，2018，『豊田まちづくり協議会通常総会資料』

　　――，2018，『豊田ホタル祭り50周年記念誌とやたの』

松本貴文，2017，「住民参加・住民自治によるまちづくりに向けた課題―下関市市民活動団体調を事例に―」難波利光編著『地域の活性化―下関からの発信』学文社

和田清美・魯ゼウォン，2017，「地方創生と地域資源―山口県下関市の事例研究―」『都市政策研究』首都大学東京都市教養学部都市政策コース，11：15-39

　　――，2018，「地方中核市の地域再生―山口県下関市の事例研究②―」『都市政策研究』首都大学東京都市教養学部都市政策コース，12：1-30

　　――，2019，「地方中核市の地域活性化―山口県下関市の事例研究③―」『人文学報』首都大学東京人文科学研究科，515-1：1-32

終　章

「海峡都市・下関」の持続可能性

　筆者らは，朝鮮半島に近いという地理的特性をもつ山口県下関市を研究対象とし，都市の持続可能性という観点から，「交流・連携」，「在日コリアン」，「まちづくり」の3つの分析課題を取り上げ，その実態を検証してきた。その目的は，下関市を，その地理的特性に着目した「海峡都市」と捉えたうえで，下関市の都市としての固有性（韓国との交流，在日コリアンの交流，地域社会の存在等）が，人口減少と高齢化が進展する，この地域の活性化にとってもつ意味を明らかにするところにある。最後に，本書のこれまでの議論を踏まえ，海峡都市・下関の持続可能性を実現するために有効な資源とはなにかを論じ，今後の展望を提示する。

(1)　連携・交流拠点としての「下関」の持続可能性

　下関市は，海峡を挟む北九州市とともに，韓国・釜山市との交流拠点，結節点としての役割を担ってきた。

　下関市と北九州市は「関門都市圏」に属し，1980年代以降に「関門連携事業」を開始すると，2007年に「関門連携共同宣言」を共同で出すなど，両市の連携は，日韓中の10都市からなる「東アジア経済交流推進機構」の設立の基盤となった。関門両港は観光分野でも連携し，2018年には下関港アルカポート開発に「株式会社星野リゾート」の参入が決まった。下関市と北九州市は，生活圏の共有にとどまらず，社会経済的な連携を広げているのである。

　次に下関市と釜山市は，戦前から戦後，そして現在にいたるまで，ヒト・モノ・文化の交流拠点であり続けてきた。両市は，国交正常化前の1960年代から，スポーツ交流による民間交流の実績をもつ。1970年の関釜フェリーの就

航，並びに1976年の友好姉妹都市の締結を境に，両市の交流は，行政交流から多方面の交流へと広がった。2000年以降，日韓友好の雰囲気のなか，「朝鮮通信使の再現行列」という歴史文化交流も新たに加えられたのである。2019年，日韓関係が難しい状況のなか，馬関まつりでの朝鮮通信使の行列再現は中止することなく実施された。また釜山市は，下関市の「リトル釜山フェスタ」に朝鮮通信使関連の公演団を派遣した。朝鮮通信使の交流は，下関市の地域活性化にも拡がっている。

　このような下関市と釜山市の連携をベースとして形成されているのが，韓国の南岸と日本の九州圏と山口県を会員とする「日韓海峡沿岸県市道知事交流会議」という広域的な連携の枠組みだ。この会議の特徴は，環境，水産，観光，青少年交流等，地域の現実の要請に合わせた交流事業を実施している点にある。韓国の南岸と九州圏・山口県は，相互交流ならびに連携関係を深めているのである。2019年には日韓関係が難しい状況にあったが，「日韓海峡沿岸県市道知事交流会議」は中断されることなく開催された。その場で，日韓の首長は地域間交流の重要性を確認し，地域経済・地域社会の維持と発展のために若者の雇用対策についての協議を継続していくことを合意したという。

　下関市と韓国の交流では，2000年以降，下関港における対韓国貿易が年々増加し，経済交流拠点としての性格を強めている点に注目すべきだ。下関港は韓国から本州への最短距離に位置しており，午前中に卸した貨物は関東に即日配送できる。そのため，下関港には値段の高い貨物や野菜・活魚が集まっている。また下関港は，韓国との自動車部品のシームレス物流が進んでおり，日韓ダブルナンバー制も実施されている。また，2019年に下関港は沖合人工島「長州出島」の産業振興用地の分譲を開始した。「長州出島」は，国際コンテナ貨物の増加に対応できる点に特徴があり，今後，東アジアの物流拠点となる可能性をもっている。

　下関港を通じて日本に出入国するのは，主に韓国人であり，その目的は観光や日本食にある。韓国人にとって，下関と九州圏は日常生活の交流圏としての意味ももつ。ただし下関港を通じて日本に出入国する韓国人は，下関市を通過

し，そのまま九州圏に流れるのが現状だ。下関市は，韓国との経済交流の面では優位に立っているが，日常的な交流圏の面では九州圏に遅れをとっている。これに関連して，2017年に山口県で開催された第26回「日韓海峡沿岸県市道交流知事会議」の主題は，「インバウンド（外国人観光客誘致）の取組」となっており，2019年8月に日韓の大学生がチームを組んで観光プランを発表するという交流事業が実施された。若い世代の取り組みには，日常的交流を考えるうえで様々なヒントが含まれている。また下関との交流を担当した釜山市の担当者は，下関市の魅力として，近代の歴史を取り上げた。

　このように，下関市は日常的交流の拠点としての発展の可能性は高く，今後，九州圏との違いをどう発信していくのかがさしあたりの課題であろう。

(2)　在日コリアンの交流ネットワークの持続可能性

　戦前，下関は，在日コリアンにとって上陸の入口であり，戦後は帰国を諦めた人々が残って定住した場所である。また下関の在日コリアンは，国交のない時に日韓のパイプ役を果たし，日本人との連携で日韓親善団体をも設立した。1965年に国交が正常化されると，1966年に下関市に韓国領事館が設置された。1970年の関釜フェリー就航及び1976年の釜山市との友好姉妹都市の締結によって，下関市は韓国から行き来する人々の交流の拠点となった。さらに1980年代にも，在日コリアン人口は5千人台を維持しており，1980年に「駐下関韓国総領事館」は総領事館に昇格した。しかし1990年代に在日コリアン人口は減少し，1996年12月に「駐下関総韓国領事館」は広島に移転となった。

　このように，1966年から1996年代にかけての30年間，下関では「駐下関韓国総領事館」による国レベルの交流がみられ，下関の在日コリアンは日韓交流で大きな役割を果たしたのである。

　2002年の日韓W杯開催を契機に，下関駅近くのグリーンモール商店街は，行政とともに「リトル釜山フェスタ」というイベントを商店街活性化事業として取り組んできた。2001年に始めた「リトル釜山フェスタ」は毎年11月23日に開催され，2019年で18回目を迎えた。本書が「リトル釜山フェスタ」に着

目する理由は，下関の在日コリアンが築いた歴史と文化ならびに民間交流の親善団体等，在日コリアン関連の諸団体が参加している点である。その結果として，「リトル釜山フェスタ」は2万から4万人を集客する大イベントとなり，商店街の行事として定着した。「リトル釜山フェスタ」の事例から示唆されるのは，商店街内の若手の在日コリアンと協働的な連携を結び，それを通じて，商店街の持続的な発展が実現されていることである。この点，「リトル釜山フェスタ」の実行委員である若手の在日経営者は，「グリーンモール商店街は大阪の生野コリアンタウンのように，日本の店舗と韓国の店舗の両方が融合された文化的な通りを目指す」と今後の展望を語った（J氏，2019.11.30）。

　このほか，下関の在日コリアンにとって「朝鮮通信使の行列再現」は，在日や民団の存在を地域社会に示す意味をもっている点にも注目すべきだ。今後，朝鮮通信使の行列再現にどういった主体が関わるのか，各地の在日コリアンの地域参加のありようを描くうえで重要な論点となろう。

　このような，下関の在日コリアンは，公的には民団側と総連側に区分されているが，どちらにも属さない在日コリアンならびに帰化者を含む形で生活世界を形成している。若手の在日からなる「山口韓国青年商工会」の会員規定には国籍条項がなく，日本人会員も含んでいる。またニューカマーの韓国人は，主として在日が形成した教会施設に集っている。地方都市の下関市への若年層韓国人の流入はあまりみられない。

　なお，韓国との交流は，民団側の在日コリアンが担ってきたが，近年，韓国社会において，朝鮮学校への関心が高まっていき，山口朝鮮初中級学校も韓国の多様な市民団体と交流し始めている。韓国との交流が朝鮮学校にも拡がるという新しい状況に注目したい。

(3)　住民自治の新たな可能性としての「まちづくり協議会」

　2005年に1市4町を合併した下関市は，2015年以降新たな住民自治の仕組として「まちづくり協議会」の政策を展開した。2016年度に下関市の17地区に「まちづくり協議会」が設置され，「地区まちづくり協議会活動」が始

まったのである。「まちづくり協議会」の団体は，自治会組織を始め，多種多様な地縁型組織から構成される。

　本書では，中心部からは西部地区，周辺部からは豊田地区及び豊浦地区の3つの地区を事例として取り上げ，その現状と課題を把握してきた。まずJR下関駅を囲む地区で，グリーンモール商店街を含む西部地区は，高齢化率40％を越えており，若者や子育て世帯の定住者をいかに増やすかという課題を抱えている。2018年度の活動は，福祉「オレンジカフェつづみ」，教育「照子親」，地域力アップ事業「復活グリーンモール焼肉ストリート＆ビアガーデン」となっている。西部地区まちづくり協議会は，高齢者や子どもの育成に特化した地域活動で成果をあげ，グリーンモール商店街の担い手を発掘した点が特徴である。次に豊田地区は，中国山地に位置した旧豊田町である。まちづくり協議会の組織は，豊田町全体と5つの地区から構成されている。地域活動の要にあるのは，2019年時点で50年の歴史をもつ「ホタル祭り」の開催であり，旧豊田町の地域資源が活かされている。そして，海と山に囲まれた自然環境と温泉をもつ豊浦地区は，旧豊浦町の枠組をベースとし，31団体から構成されている。豊浦地区のまちづくり協議会の特徴は，地域を広報できる人材がある点にあり，婚活イベント「みかん DE デート」，「名所・旧跡マップ」の作成の取り組み，「空き家調査」等，地域に根差した活動を実施している。

　このように，3地区のまちづくり協議会は，独自の歴史をもち，それぞれの運営体制を作り上げている。豊田地区と豊浦地区は，合併以前からの枠組が現在においても住民自治の仕組みとして活かされている。注目すべきは，地域再生の問題を抱える西部地区にとって，まちづくり協議会は地域で活動する人材を確保する点に有効であることだ。

　2018年度にまちづくり交付金が減額されたものの，いずれのまちづくり活動も停滞せず，むしろ活発の傾向をみせている。それは，まちづくり協議会制度が住民の自立性を高めたことにほかならない。今後，下関市の地方創生を実現するために，住民による地域活性化の実践を積み重ねていくことが必要である。

(4) 「海峡都市・下関」の持続可能性

　下関市の持続可能性を実現すべく，下関の地理的特性のゆえに形成された下関固有の都市的社会を把握し，そこから有効な地域資源を洗い出すことが，本書の出発点であった。そこで，筆者らは，交流・連携，在日コリアン，まちづくりという主に3つの視点から，下関市の生活世界を描き出すことを試みた。

　まず交流・連携においては，戦前の人的交流から，戦後には民間交流，行政交流が続き，朝鮮通信使の交流が加わり，近年は経済交流および日常生活の交流が強まっていること，次に在日コリアンの歴史や民族文化については，「リトル釜山フェスタ」を持続させる資源となっていること，最後にまちづくり協議会については，住民の自立性をより高め，とくに中心地区の担い手を確保する点で一定の効果があったことをそれぞれ指摘した。

　下関市は，海峡を挟んで韓国に近いという地理的特性ゆえに，在日コリアンが定着し，時代の変化とともに，日韓の交流の役割を担い続けてきた。また海峡都市・下関市は，山口県の中心都市でありながら，北九州市と生活圏を共有し，さらに福岡市にまで生活圏を拡大している。こうした特徴を活かして，下関市は，人口減少や高齢化の進展という現実のなかで，居住機能を高めるべく，地域社会の活性化を図っている。筆者らは4年間の下関市調査をふまえ，下関の地方創生を実現するために，韓国との交流・連携，在日コリアンとの共存，多様な地域活動という独自性と多様性をより発展していくことが重要課題であると考えている。

　最後に，海峡都市・下関の今後の展望をあげておきたい。1つめは，日韓連携の拠点として下関港の経済交流をさらに発展させることである。近年，日韓の産業内分業が急速に進展し，日韓企業の経済的な相互依存は高まっている（小此木　2015）。こうしたなかで，本州から韓国への最短距離の立地の下関港は，韓国との物流のシームレス化を先進的に進めている。海峡都市・下関は，下関港の日韓の経済交流を求心点にし，海峡を共有する九州圏と協力しつつ，東アジアに向けたゲートウェイの実現を進めていくことであろう。

　2つめは，在日コリアンの交流ネットワークを発展させることである。下

関の在日コリアンは，日韓の歴史のなかで，交流と共存の役割を担ってきた。下関の在日コリアンと日本人との共存は，日韓親善団体の設立をもたらし，日韓親善団体は山口県全域に拡がった。また下関のコリアンタウンは，すでに韓国人との交流ネットワークを生み出す場となっている。下関のコリアンタウンを結節点にし，九州圏を含む日常的な交流圏の創造を進めていくことができれば，新しい地域連携の形成が期待できるだろう。

人口減少に伴う地域再編が進むなか，「海峡都市・下関」のもつ地域資源（交流・連携，地域活動）と人材（在日コリアン）は，新たな地域づくりの方向性を示しているのである。

【引用・参考文献】
小此木政夫，2015，「1　岐路に立つ日韓関係―新しい共生戦略を考える」松原孝俊・崔慶原編『日韓が共有する近未来へ』本の泉社，3-20

初 出 一 覧

　本書は，本書の大部分は書き下ろしの論稿であるが，すでに発表したものの一部を含んでいる。しかし，本書刊行に際して，最近の状況変化や直近のデータの差し替えなど大幅な加筆・修正を加えた。このことをお断りした上で，本発表の論稿の掲載時と掲載誌を挙げておくこととしたい。

序　章 1　和田清美・魯ゼウォン，2017，「地方創生と地域資源—山口県下関市の事例研究」『都市政策研究』首都大学東京都市教養学部都市政策コース，11：11-23
　　　　　　　──，2019，地方中核市の地域活性化—山口県下関市の事例研究③」『人文学報』首都大学東京人文科学研究科，515-1：1-6
　　　　2　書下ろし
第 1 章　書下ろし
第 2 章　1～2　書下ろし
　　　　3　和田清美・魯ゼウォン，2019，前掲論文，20-23
　　　　4～5　書下ろし
第 3 章　書下ろし
第 4 章 1　和田清美・魯ゼウォン，2018，「地方中核市の地域再生—山口県下関市の事例研究②」『都市政策研究』首都大学東京都市教養学部都市政策コース，12：14-19
　　　　2　書下ろし
第 5 章　和田清美・魯ゼウォン，2018，前掲論文，12：22-28
　　　　　　　──，2019，「『朝鮮通信使再現行列』の日韓比較—都市・地域社会学的視点から」『比較民俗学会報』比較民族学会，39-4(178)：13-20
第 6 章 1　和田清美・魯ゼウォン，2017，前掲論文，29-31
　　　　2　　──，2019，前掲論文，15-27
　　　　　魯ゼウォン，2019，「山口県下関市の在日朝鮮人と朝鮮学校の形成過程：山口県朝鮮初中級学校を事例に」『天理大学人権問題研究室紀要』天理大学人権問題研究室，22：21-33
　　　　3　　──，2017，前掲論文，32-37
　　　　　　　──，2019，前掲論文，27-30
第 7 章はじめに　書下ろし
　　　　1～4　和田清美・魯ゼウォン，2017，前掲論文，23-27
　　　　　　　──，2018，前掲論文，3-14
　　　　　　　──，2019,，前掲論文，1-15
　　　　5　書下ろし
終　章　書下ろし

索　引

178
まちづくりフォーラム　185
マッカーサーライン　54
みかん De デート　186, 189
民族教育　52, 150
民団（側）　53, 133, 160
民団山口　138
名所・旧跡マップ　186
メモリアル長門ぽっぽ事業　101, 183
毛利藩　30
毛利元就　30
目標指標は重要業績指標（KPI）　10
門司港　47
モンダンヨンピル　150

【や　行】

山口韓国青年商工会　142, 144, 159
山口県韓国語弁論大会　144
山口県日韓親善協会　57, 60, 139
山口県日韓親善協会連合会　59, 60, 119
山口朝鮮初中級学校　137, 149, 159

闇市（場）　53, 152
友好姉妹都市　91
友好都市　45, 57, 94
ユネスコ　106
ユネスコ「世界記憶遺産」　114
ユネスコ世界記憶遺産登録　106
抑留船員　54, 56
よさこいチーム　123
四カ国連合艦隊　36

【ら　行】

李承晩ライン　54
リトル釜山フェスタ　5, 46, 62, 93, 123, 140,
　144, 150, 152, 156, 194
龍頭公園界隈　126
李ライン　44, 54, 60, 69
歴史文化交流　93, 122
連携中枢都市圏　163, 164
連携中枢都市宣言　75
RORO 船　64

著者略歴

和田清美（わだきよみ）（序章・第1・3・5・7章）
1955年　神奈川県生まれ
1982年　立教大学社会学部社会学科卒業。同大学院社会学研究科博士課程
　　　　後期課程退学。立教大学社会学部助手，常磐大学人間科学部，東
　　　　京都立短期大学都市生活学科助教授を経て
現　在　首都大学東京大学院都市環境学研究科教授・博士（社会学）
専　攻　都市社会学，コミュニティ・まちづくり研究
主　著　『大都市・東京の社会学—コミュニティから全体構造へ—』（有信
　　　　堂，2006），『地域・生活・国家』（共編著，日本経済評論社，
　　　　2012），『現代福祉コミュニティ論』（編著，学文社，2018）他

魯ゼウォン（のぜうぉん）（第2・4・5・6章・終章）
1963年　韓国ソウル市生まれ
1987年　韓国外国語大学校西洋語大学卒業。名古屋大学大学院文学研究
　　　　科社会学専攻博士後期課程修了。名古屋大学大学院環境学研究
　　　　科助手を経て
現　在　天理大学国際学部教授・博士（社会学）
専　攻　韓国社会学，地域社会学，移民研究
主　著　『アジア社会と市民社会の形成—その課題と展望』（共著，文化
　　　　書房博文社，2009年），『現代における人の国際移動：アジア
　　　　の中の日本』（共著，慶應義塾大学出版会，2013年），『東アジ
　　　　ア「地方的世界」の社会学』（共著，晃洋書房，2013年）他

海峡都市・下関市の生活世界：
交流・連携，在日コリアン，まちづくり

2020年3月10日　第一版第一刷発行　　　　　　　〈検印省略〉

著　者───和　田　清　美
　　　　　　魯　　ゼウォン
発行者───田　中　千津子
発行所───㈱　学　文　社

〒153-0064　東京都目黒区下目黒3-6-1
電話（03）3715-1501代　振替 00130-9-98842
https://www.gakubunsha.com

落丁，乱丁本は，本社にてお取替え致します。　　印刷／東光整版印刷㈱
定価は売上カード，カバーに表示してあります。

ISBN 978-4-7620-2988-2